AF452460

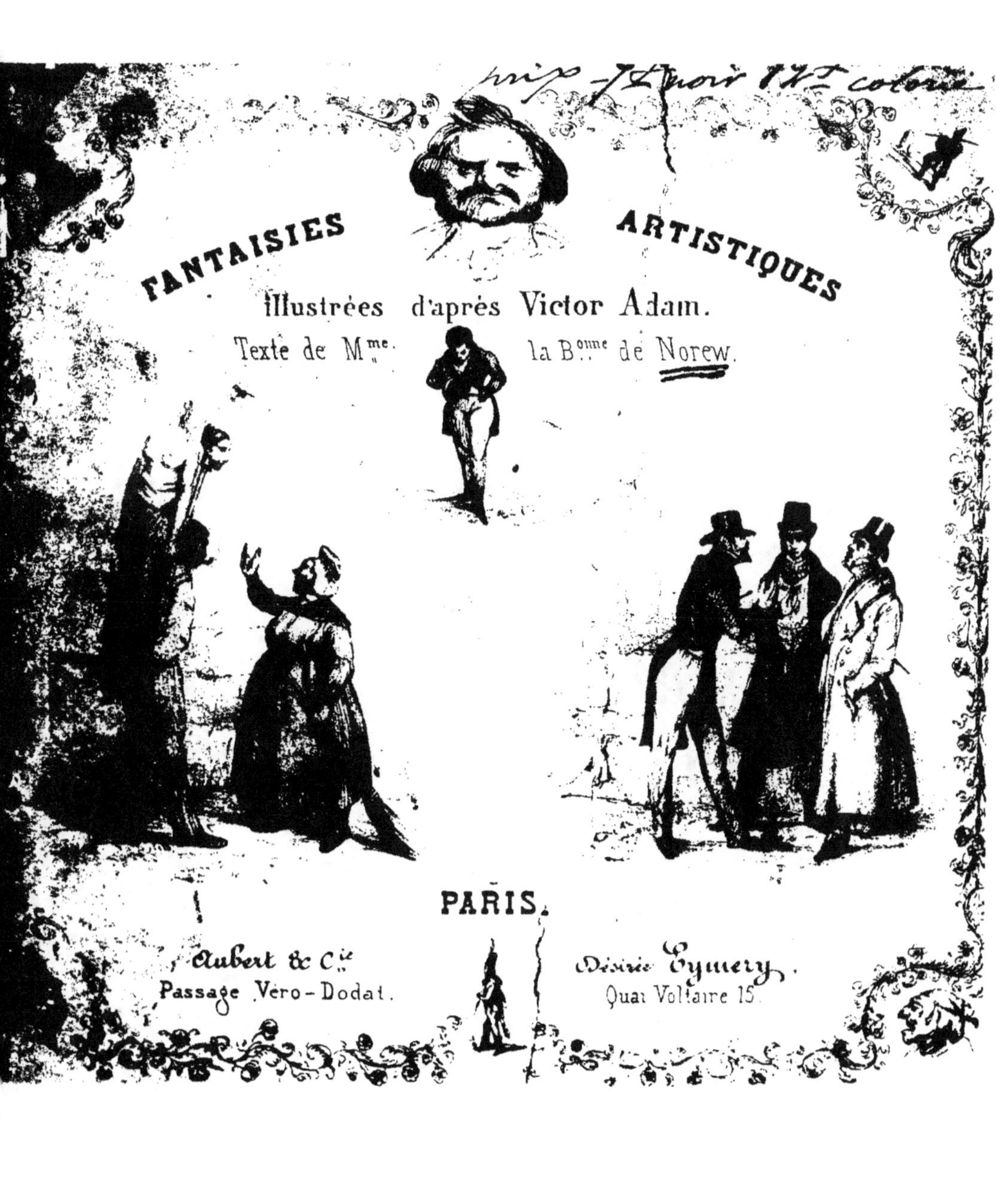

FANTAISIES ARTISTIQUES
illustrées d'après Victor Adam.
Texte de M.me la B.onne de Norew.
PARIS.
Aubert & C.ie
Passage Vero-Dodat.
Désirée Eymery.
Quai Voltaire 15.

FANTAISIES ARTISTIQUES.

IMPRIMERIE MAULDE ET RENOU, RUE BAILLEUL, 9 ET 11.

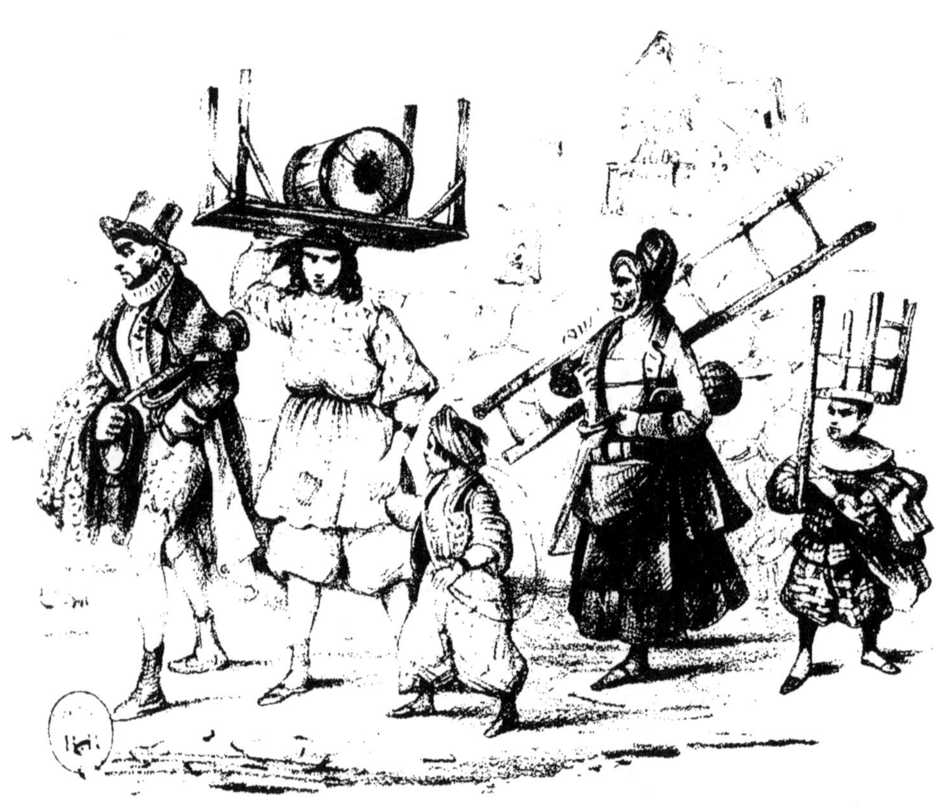

Et n'avoir encore fait que 33 sous 3 liards de recettes!

FANTAISIES ARTISTIQUES.

illustrées

PAR **VICTOR ADAM.**

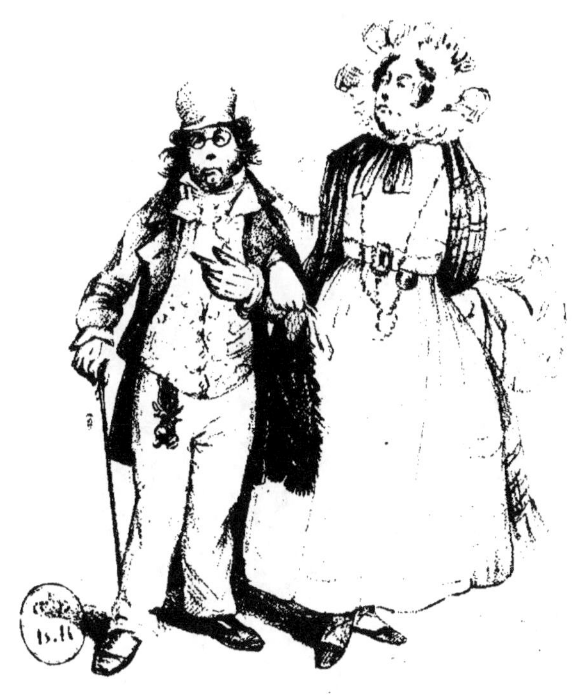

Mr et Mme Maillardet.

PARIS.

Aubert & Cie.   Désirée Eymery.

Imp. d'Aubert & Cie

FANTAISIES ARTISTIQUES

ALBUM RÉCRÉATIF

ILLUSTRÉ PAR VICTOR ADAM. — TEXTE DE MADAME LA BARONNE DE NOREW

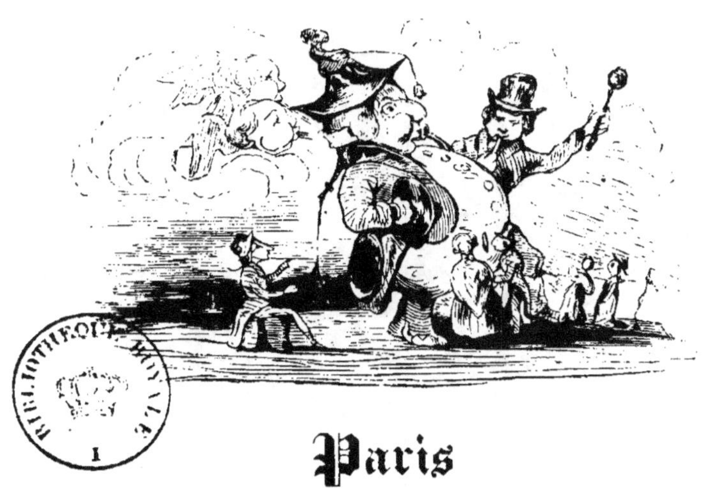

Paris

AUBERT ET Cᵉ, ÉDITEURS,   DÉSIRÉE EYMERY, ÉDITEUR,

1841

FANTAISIES ARTISTIQUES.

M. ET MADAME MAILLARDET.

Allons, allons, M. Maillardet, il fait aujourd'hui un temps superbe, la vente a bien été hier, c'est la fête de Neuilly, vous allez vous parer ; surtout, Bibi, ne soyez pas long ; vous n'en finissez jamais , mon chat , vous êtes pire que moi pour la toilette, que j'aime, je ne m'en défends pas.

Vous pensez bien que la personne qui parlait ainsi était l'épouse de M. Maillardet, cette grosse et grande femme que vous voyez la tête haute, le regard fier, semblant inspecter la tenue de son époux et lui commander un mouvement à droite ou à gauche.

M. et madame Maillardet étaient d'honnêtes bonnetiers de la rue Saint-Denis; mais, unis depuis environ quarante ans, ils se croyaient encore dans la première jeunesse. M. Maillardet, toujours léger, toujours galant, ne s'occupait du commerce qu'en amateur, en flânant autour de sa compagne qui conduisait la maison et son mari avec un ordre admirable; car c'était elle qui faisait les acquisitions, dirigeait la vente, et, toute la journée, qu'il y eut des acheteurs ou non, on n'entendait dans le magasin prononcer que ces mots : Bibi, mon chat, apportez-moi le paquet étiqueté C, U; visitez le ballot de la case à gauche; et le petit bonhomme que vous voyez si content de sa parure et de sa moitié, répondait sans cesse d'une voix caressante : Oui, ma poule, je suis à toi; attends, voici ce que tu demandes... Puis après, il baisait la grosse main de sa moitié en disant : Ma reine, veux-tu encore quelque chose?

De son côté, la bonnetière avec son large corsage et sa figure enluminée, se croyait encore la fraîcheur de la rose et les grâces de Vénus.

Les deux époux aimaient tous les plaisirs, ils en étaient

avides, ils ne laissaient passer aucune fête de village sans y porter leur tribut d'argent et de joie. M. Maillardet ne se fit donc point répéter l'invitation qu'il venait de recevoir ; et vous voyez que l'un et l'autre n'avaient rien épargné pour relever leurs avantages naturels. Aucun d'eux ne se fit attendre : on prit un fiacre jusqu'à la barrière, et comme il était encore très matin quand les marchands de la rue Saint-Denis eurent atteint l'arc triomphal de l'Étoile, ils marchèrent doucement, à la fraîche, jusqu'à la porte Maillot, où la vue du Bois de Boulogne, excitant leurs jeunes souvenirs, ils s'avancèrent sous ses longues avenues, se croyant encore au printemps de la vie. Mais si l'on s'abandonne sans fatigue à une douce causerie, il n'en est pas de même de la promenade pour de vieilles jambes mal assurées. Madame Maillardet, chargée d'embonpoint, découvrit avec plaisir un concierge-restaurateur, pour lui offrir à la fois le repos dont elle avait besoin et les solides rafraîchissemens qui pouvaient la soutenir jusqu'au splendide dîner qu'elle comptait faire à Neuilly : si la bonne dame était économe les jours ordinaires, elle aimait assez les parties complètes le dimanche.

Lorsque notre couple se fut restauré, il se dirigea vers la grille de Saint-James, visita le joli village qui porte ce nom, et atteignit les bords de la Seine. Alors la figure de Christophe Maillardet devint rayonnante ; car vous ne savez pas que l'honnête bonnetier se nommait Christophe, et qu'à ce nom s'attachait pour lui de grandes pensées, d'illustres souvenirs ; il croyait que le sang de Colomb coulait dans ses veines. Aussi, dans ses promenades, chaque fois qu'il apercevait une île et un batelet sur la rive, il devenait marin, en s'écriant avec enthousiasme : Poule ! poule ! une ile ; suis Christophe ! Et madame Maillardet, fière de ces nobles élans, disait souvent à ses connaissances : Si Bibi n'avait pas été un bonnetier, c'eût été un illustre marin.

Malheureusement, cette fois, son attente fut trompée, aucun batelet ne sillonnait l'onde, et le front du héros se couvrit d'un nuage, les coins de sa bouche retombèrent, il devint laid, plus laid encore que vous ne le voyez, et s'écria avec douleur : Ah ! poule, je ne suis pas heureux aujourd'hui ! Mais madame Maillardet, qui n'aimait pas beaucoup les petits batelets qui semblaient s'enfoncer sous elle, arracha son époux à ses tristes pensées et l'entraîna, moitié riant, moitié grognant, sur la route royale, où l'attendaient tous les plaisirs. Ils coururent de spectacle en spectacle, de boutique en boutique; mais, hélas! Bibi eut une idée malheureuse : il voulut essayer sa force; sa poule eut une idée plus triste encore, elle voulut connaître son poids, et il n'en fallut pas davantage pour changer leur joie en humeur. Mon Dieu! qu'on devient ridicule et impoli, disaient-ils tour à tour; cet homme qui me dit que je suis du poids de 170, est-ce bête! car enfin combien y a-t-il de temps que je me suis pesée? tout au plus vingt ans : eh bien! c'était 110 que je pesais, ainsi certainement il se trompe.

Eh! leurs machines ne valent rien, reprenait Maillardet. As-tu vu pour la force? Ça fait pitié! on dirait que j'en perds tous les ans; cependant je me sens toujours vigoureux... Bref, après ces épreuves, il ne fallut rien moins qu'un bon dîner pour les remettre en belle humeur et leur rappeler un plaisir qui n'avait jamais failli à leurs vœux : le bal, la danse. Vous riez, mes lecteurs! souvenez-vous donc qu'ils se croyaient jeunes encore. Aussi, pour qu'on ne pût douter de leur désir, les deux époux entrèrent en danse dès leur arrivée dans le bal, et M. Maillardet battit des entrechats, fit des pirouettes, et crut qu'à force de tourner, il tournerait la téte à toutes les jeunes filles. La grosse dame partageait sa douce erreur; et, comment ne s'y seraient-ils pas trompés? ils étaient habitués aux triomphes. Un cercle immense venait de se former autour d'eux; on riait, on battait des mains à chaque passe élégante de l'un des époux; car si Bibi représentait Zéphyr, Poulette pouvait être une Grâce. Malheureusement, au moment où la contredanse allait finir, le bonnetier, envieux de tous les suffrages, lance sa jambe en l'air, commence une gracieuse pirouette; mais son pied mal avisé ne retombe pas à terre, il heurte avec violence les genoux d'une dame âgée placée derrière, et l'épithète de vieux fou résonne à son oreille, accompagnée d'une rude rebuffade qui fait perdre l'équilibre au rival de Vestris, et l'étend dans la poussière. Hélas! Poulette, instruite de ce contre-temps par un éclat de rire général, accourt pour relever Bibi, que personne ne s'empressait de secourir, parce que chacun était trop occupé à lancer un mot piquant sur sa vieille et ridicule jeunesse. La pauvre bonnetière jeta un regard indigné sur cette assemblée riante; car, bon gré mal gré, il fallait bien voir que l'empressement qu'on leur avait témoigné au premier moment, que celui même qu'ils excitaient dans toutes les fêtes, était de mauvais aloi. Après avoir relevé son époux, presque moulu, elle l'entraina, clopin, clopant, hors de ce lieu où l'on ne savait pas respecter ceux qui ne savaient pas garder leur rang.

Eh bien! mes amis, chez les enfans, chez les jeunes gens, et comme vous le voyez, même chez les vieillards, c'est ainsi qu'un amour-propre mal placé couvre de ridicule et empoisonne tous les plaisirs.

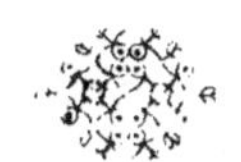

LES SALTIMBANQUES.

Ton, ton, ton, ton, ton, ton, ton. Ah! la trompette, le vio-
lon, le tambourin; courons, courons! on va faire des tours,
criaient à la fois, un dimanche soir, une dizaine d'enfans en
entendant l'appel ordinaire des saltimbanques; et sans songer
à ceux qui les accompagnaient, l'essaim s'élança pour jouir du
spectacle en plein vent.

Cinq acteurs entraient en scène : un homme, long et mince,
au costume clinquant et fané; une femme, jeune encore, mais

dont l'accoutrement moitié homme, moitié femme et les traits altérés dénaturaient presque le sexe ; une autre vieille femme édentée, au teint bruni, au nez courbé, au menton de galoche, et affublée d'un chapeau à panache, d'une redingote d'homme et d'un vieux jupon de laine ; et enfin deux enfans de quatre à cinq ans, l'un paillasse, qui avait autant de taches que de carreaux à son habit ; l'autre, mamelouck, mais tous deux à la figure pâle et maladive, quoique d'une expression de douceur et de gaîté contrainte qui inspirait l'intérêt et la pitié.

A chaque mouvement de ces grotesques personnages toutes les voix fraîches des enfans spectateurs éclataient en rires plus ou moins prolongés. Si les exercices dangereux que ces gens exécutaient, excitaient leur surprise et faisaient parfois ouvrir toutes ces petites bouches roses en laissant échapper un Ah !... Leur mise et leurs contorsions diverses étaient le sujet de mille plaisanteries ; les petits acteurs en avaient bien aussi leur part, car moins adroits ou moins exercés que leurs parens, ils chaviraient parfois, et alors les éclats joyeux se faisaient entendre de plus belle.

Hélas ! ils paraissent composer une famille, une famille

entière, dit avec un sentiment de pitié, en regardant ces faiseurs de tours, un vieillard qui avait suivi de près la bande
rieuse et semblait être le grand-père d'un de ces jolis blondins.
Deux enfans, ajouta-t-il avec une expression plus tendre encore, pauvres petits ! Et il continua en s'adressant à la troupe
folâtre ; ils ont vos âges, mes amis, ils sont même plus jeunes
que plusieurs d'entre vous ; comme vous aussi ils aimeraient à
rire, à jouer, mais déjà il leur faut travailler, il faut qu'ils gagnent le pain qu'ils mangent ; dès leur naissance on les a formés à ces rudes travaux ; à peine avaient-ils vu la lumière que
leurs membres délicats étaient tournés pour s'assouplir. Pauvres enfans ! et après ces paroles, les regards du vieillard sui-
vaient alternativement et avec curiosité les tours périlleux des
acteurs de la place publique, et l'expression de crainte, d'intérêt et de plaisir qui se peignait tour à tour sur les jeunes visages qui l'environnaient.

Enfin, quand le savoir des saltimbanques fut épuisé, le petit
turc, une soucoupe à la main, alla faire la récolte ; sa figure
délicate et douce semblait prier en même temps que son bras
avançait, et pourtant la soucoupe restait vide ; il n'y avait plus

rien à voir, on partait! Peut-être tous les jolis lutins accou-
rus pour les voir allaient-ils en faire autant, lorsque le vieillard
s'écria de nouveau : Pauvre petit! sa figure s'attriste, il ne porte
rien, ou presque rien à ses parens: enfans! voyez, tout est
terminé, ils s'en vont, la journée est finie; les pauvres inno-
nocens sont bien fatigués, et le père, la main dans son gousset,
compte la recette; son sourcil se fronce, il murmure : N'avoir
encore fait que trente-trois sous trois liards! Il a raison, le malheureux homme, il faut un toit pour abriter la pauvre famille,
et quelque misérable qu'il puisse être, ce toit, on le paie, vous
ne savez pas cela, vous, mes amis; puis, nourrir cinq personnes, les vêtir tant bien que mal : vous êtes bien jeunes pour
que je vous dise ces choses, mais ces petits faiseurs de tours,
ils sont aussi jeunes que vous, et le besoin les leur a apprises;
allons, mes bons amis, soyez-leur secourables, courez après
eux, un gâteaux de moins, un bienfait de plus, vous les ren-
drez contens, eux et leur famille, et vous, ô vous serez bien
heureux! si vous saviez quelle douce satisfaction l'on éprouve
quand on contribue au bonheur de son semblable!...

Depuis que le vieillard s'adressait aux enfans, toutes leurs

petites têtes s'étaient levées vers lui, quelques visages sou-
riaient, plusieurs jetaient un regard furtif sur les infortunés, et
bien des yeux semblaient humides ; mais au dernier appel, un
cri sortit de toutes les bouches, et un même élan poussa tous
ces enfans heureux vers ceux qui, après avoir travaillé pour
les amuser, s'en allaient tristement chercher un morceau de
pain pour le soir ; en une seconde, les goûters, les sous de récompense de la semaine tombèrent dans leurs mains.

Oh! il fallait voir la joie de ces pauvres créatures ! comme
ils coururent à leur père pour lui remettre ce riche butin,
comme leurs pâles visages s'animèrent d'un rayon de bonheur, puis ils sautèrent, firent des saluts de remerciemens,
de reconnaissance à leurs bienfaiteurs qui, ainsi que l'avait dit
le vieillard, ne furent jamais si gais et si heureux que cette
soirée-là ; aussi, ils revinrent tous la figure rayonnante de
plaisir près du bon conseiller qui, ému jusqu'aux larmes, de la
spontanéité de leur mouvement, les pressa l'un après l'autre
sur son cœur, et les menant chez le pâtissier, les combla de
friandises. Tiens, s'écriaient-ils tous, nous en avons bien plus
que nous n'en avons donné.

Eh! mes chers enfans, leur dit le vieillard, c'est toujours ainsi; le bon Dieu rend plus qu'on ne donne : allez, soyez bons et humains, et les bénédictions du ciel tomberont sur vous.

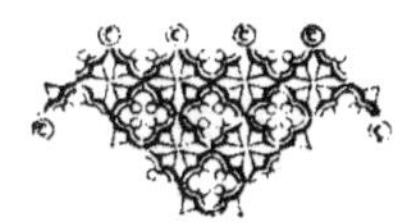

Oh qu'il est beau ! qu'il est beau ! le postillon de Lonjumeau !
s'écriait Jean Tapin, les gances au chapeau, le fouet pendu
à son poignet, courant au grand trot, monté sur *l'Hirondelle*,
la jument favorite du maître de poste de Lonjumeau. — Jean
Tapin était content, heureux, il fallait voir ! il venait de
conduire la calèche d'un officier général qui payait comme
un banquier. Il lui avait donné, outre ses trois francs de
guide, une pièce de cinq francs pour boire. Aussi, chantait-il

LE POSTILLON DE LONGJUMEAU.

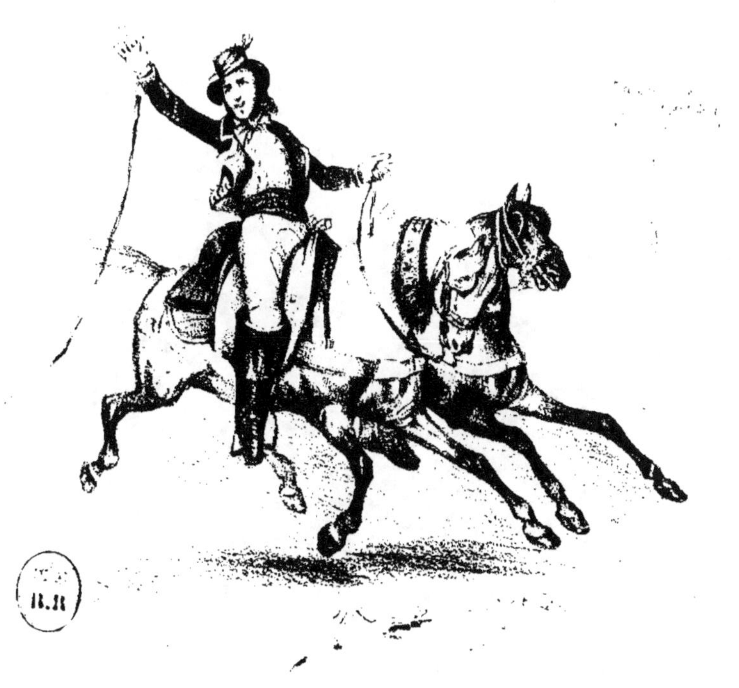

Ah quil est beau quil est beau.

la chanson du postillon de Lonjumeau tout au long. La figure de Jean Tapin était excellente! vous pouvez en juger : Victor Adam l'a représentée à merveille; et, si la musique de son frère ravit et inspire tous les postillons de France, le dessin de l'autre ne peut manquer son effet. *L'Hirondelle* et *le Maillet* étaient sensibles aux chants du postillon : leur ardeur semblait s'en accroître.

Tapin passait pour un joyeux compère. Il mettait tout en train à la poste aux chevaux. Jamais les voyageurs n'avaient eu à se plaindre de lui, ce qui est rare parmi ces messieurs. Sa tenue, comme son langage, était ordinairement honnête. Si c'était son tour de marcher, on le voyait passer lestement ses bottes fortes, mettre une mèche à son fouet et se présenter de bonne grâce, le sourire toujours sur les lèvres; alors, il n'avait plus que ces mots à la bouche : mon *bourgeois* combien à *rapporter?* combien de *payé?* et il enfourchait *l'Hirondelle*, ou *la Blonde*, et fouette postillon!... On l'entendait de loin : cli! cla! cli! cla! cli! cla! et la chaise ou la calèche roulait que c'était un plaisir. Ce garçon avait été élevé à Lonjumeau, presque dans l'écurie de la poste, et au milieu des chevaux. On le voyait toujours coiffé, habillé, botté au mieux. C'est lui qui avait servi de type à monsieur Adolphe Adam pour le principal personnage de l'opéra du postillon de Lonjumeau ; quand je dis de type, je veux dire seulement que la tournure de Tapin avait bien pu lui inspirer quelques airs originaux, sans pour cela que M. Chollet, qui a bien copié son costume et son allure, ait eu besoin de sa voix pour chanter sa partition.

Chollet trouva le genre et la manière du postillon si convenables, qu'il avait cherché à le copier, et s'en acquittait très bien. Pour récompenser le pauvre Tapin d'avoir prêté sa veste des dimanches, l'artiste, un jour, lui donna un billet pour assister à sa représentation. Tapin fut si ravi des airs de M. Adam, de la tournure, et de la voix de M. Chollet, qu'il en perdit presque le boire et le manger pendant quelques jours. On ne faisait que l'entendre fredonner et chanter le refrain populaire et favori à la mode. Tout Lonjumeau voulut chanter cet air avec toute la France, et l'Europe fit chorus. Pour Tapin, il n'est pas plus tôt à cheval qu'on l'entend faire claquer son fouet et sa langue, qu'il accompagne d'un tour de gosier : — Ah qu'il est beau ! qu'il est beau ! le postillon de Lonjumeau !.....

Il arriva une fois à ce facétieux postillon une aventure qui mérite d'être rapportée. Il conduisait la nuit une berline. Il avait beaucoup fatigué tout le jour. Il s'endormit sur son cheval, et la berline, les chevaux et les voyageurs allèrent se renverser dans un fossé. Les gens qu'il menait paraissaient être des étrangers de distinction. Le postillon les prit, à leur ton, à leurs manières tranchantes, tout au moins pour des ambassadeurs d'une puissance du deuxième ordre. Ils étaient deux dans la berline, et deux domestiques se tenaient sur le siége de devant. Quand l'accident arriva tous dormaient. Le réveil occasionné par un rude choc, puis l'essieu cassé au milieu de la nuit, — produisit une grande sensation sur les voyageurs. Ils se crurent attaqués par des voleurs, à deux heures du matin, dans le mois d'août, à trois ou quatre lieues de Paris et très près du relais de Bony. — Le pauvre postillon lui-même, froissé de sa chute, sur un chemin plat et tout droit, devint plus honteux de sa déconvenue que de la douleur qu'il ressentait au côté sur lequel il était tombé, en mesurant avec ses chevaux la largeur du fossé, heureusement peu profond. Ses chevaux n'avaient rien ou presque rien, mais la voiture était endommagée, et les maîtres criaient comme si on les eût écorchés vifs. Les chevaux serrés de près avaient aussi besoin d'être dégagés de la charge pesante du phaéton qui les écrasait.

La nuit se trouvait obscure; on était éloigné de toute habitation : cependant, comme Tapin connaissait parfaitement la route et ses environs, il pria messieurs les domestiques et leurs maîtres de vouloir bien descendre pour alléger le poids qui fatiguait ses bêtes, et il invita l'un des serviteurs à l'accompagner ensuite, pour aller chercher du secours. Une ferme était dans les terres à moins d'un quart de lieues de distance. —Mais les maîtres et les valets, au lieu de bouger, remarquant qu'il n'y avait plus aucun danger, se mirent à s'arranger chacun dans leur coin, pour dormir, sans s'inquiéter davantage de ce que deviendraient postillon et chevaux. Cependant, ces voyageurs, si peu courtois, ne prirent ce parti, il faut bien le dire aussi, qu'après avoir crié, à qui mieux mieux, contre le pauvre Jean, au lieu de l'aider à sortir d'embarras. — Tapin, impatienté, prit son parti; il ôta ses grosses bottes , pour être plus leste, et ne pouvant enfourcher la *Blonde,* il fit usage de ses jambes et se mit à courir à travers champs pour arriver à la ferme. Elle était occupée par de bonnes gens qui connaissaient le postillon; ils plaignirent son malheur. Deux valets s'armèrent de leviers, prirent des cordes, une lanterne et le suivirent. Quand ils arrivèrent, maîtres et serviteurs, tous ronflaient, tandis que les trois pauvres animaux attelés à la voiture, après avoir fait de vains efforts pour se dégager de la berline sous le poids de laquelle ils étouffaient, attendaient patiemment qu'on vînt les délivrer. Tapin et ses amis les eurent bientôt débarrassés de leurs harnais. Les voyageurs descendirent enfin de leur voiture ; les bagages en furent momentanément ôtés, et le phaéton fut roulé à force de bras, sur la route. On rattacha, avec des cordes, le brancard cassé, et enfin on partit pour le relai prochain, où les maîtres, les domestiques et la berline arrivèrent sans autre accident. Tapin reçut alors pour récompense de son zèle, un déluge de malédictions et un pour-boire de paroles, qui ne pouvaient avoir crédit chez le marchand de vin. Le pauvre postillon, l'oreille basse, s'en retourna au petit jour et au petit trot vers Lonjumeau : il ne chantait plus : Qu'il est beau, le postillon de Lonjumeau. Sa tristesse annonçait assez son chagrin. En revoyant le lieu qui avait été le témoin de sa négligence et de sa chute, Jean Tapin mit pied à terre et contempla avec douleur le chemin et le fossé encore remarquables par l'enfoncement des roues et l'empreinte des pieds et des corps de ses chevaux. Il était prêt à pleurer en contemplant ce spectacle de son malheur, lorsqu'il aperçut au fond du fossé un large portefeuille de cuir noir, avec une inscription en lettres d'or, portant un nom bien connu. Oh! s'écria-t-il! en le ramassant, ma fortune est faite! Ce portefeuille était fermé à clef. Il ne douta pas un moment qu'il ne fût rempli de billets de banque.

A son arrivée à Lonjumeau, Jean Tapin, qui était la probité même, fit à son maitre la déclaration de tout ce qui lui était arrivé, et remit, en dépôt, dans ses mains, le portefeuille, comme un honnête garçon qu'il était. L'autorité fut immédiatement informée de la conduite du postillon. Quelques jours après, Jean Tapin fut invité à se rendre à Paris. Il se prépare à partir, portant avec lui le portefeuille, qu'il met sous son

bras, comme s'il eût été un ministre, ou tout au moins un
courrier de cabinet. Il croyait, le pauvre Jean, avoir affaire à
de riches seigneurs, à des ambassadeurs, et obtenir une récompense considérable. Mille projets de bonheur se formaient pour
l'avenir dans sa tête. — Le voilà en route, cheminant sur *l'Hirondelle*. Cette fois Tapin chantait de bon cœur : Qu'il est beau !
qu'il est beau ! le postillon de Lonjumeau ! Il arrive au lieu indi-
qué, rue de Richelieu, dans un superbe hôtel. Le Suisse auquel
il s'adresse, lui dit : Montez au premier. Le cœur un peu ému,
les jambes tant soit peu tremblantes, l'honnête Jean s'élance,
son portefeuille à la main. Un domestique à livrée l'introduit,
l'annonce. Il s'avance, et reconnait un des voyageurs qu'il a
renversés dans le fossé, et qui lui dit en le fixant avec humeur :
Ah ! voilà donc le maraud qui m'a fait faire cette chute avec
mon portefeuille ? Donnez maladroit ! Tapin présente humble-
ment le précieux meuble, qui est à l'instant ouvert par son
propriétaire qui en tire, au lieu de billets de banque, des feuilles de musique, en s'écriant : Ma chère partition ! si je l'avais
perdue, je n'aurais pu débuter demain. L'ambassadeur de la
façon du postillon, n'était plus qu'un chanteur de l'Opéra Ita-

lien, un chanteur à réputation il est vrai; mais qui ne donna que 10 francs au pauvre Tapin, qui se retira tout confus et de sa méprise et de sa récompense. Il remonta sur *l'Hirondelle* et s'enfuit. Depuis ce temps, ses camarades ont pris l'habitude de l'appeler quelquefois Monsieur *l'Ambassadeur* pour le faire enrager; plus souvent : Monsieur le *Chanteur*, parce qu'il a repris gaîment ses chansons et son refrain.

Ce brave et digne postillon est toutefois demeuré à son poste. Il a un vieux père, une vieille mère, une jeune sœur... Et comme il est encore garçon, il apporte tous ses profits à la maison, où il n'a pas cessé de vivre au milieu de sa famille. — Gai, franc, loyal, il est toujours content: quand on est bon fils et bon frère, il est difficile qu'on ne soit pas heureux.

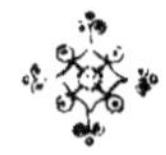

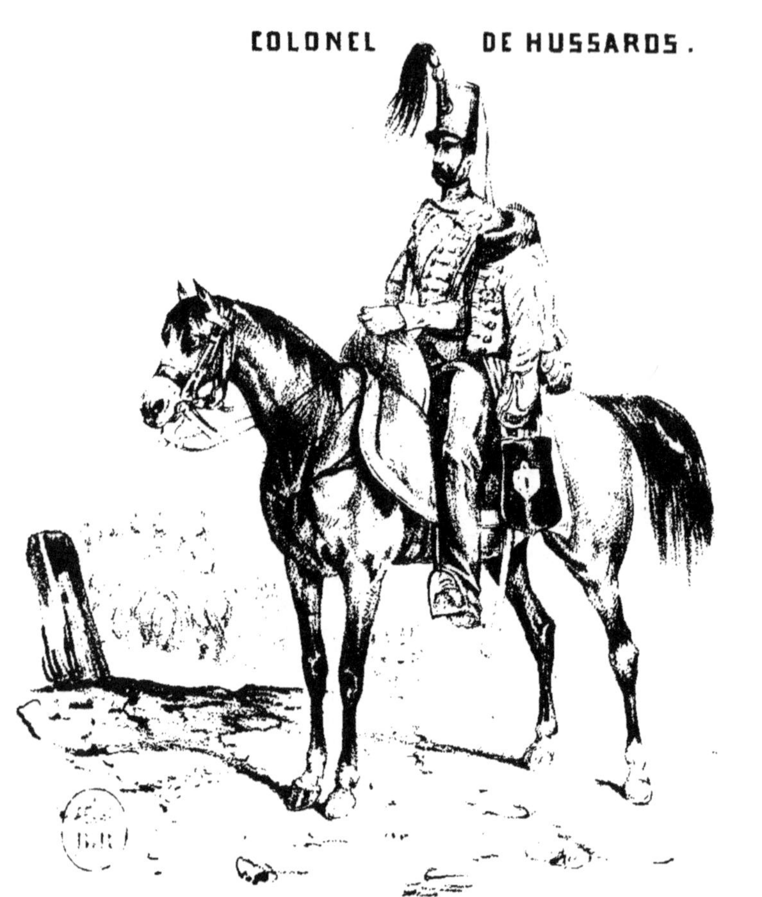

Attendant l'ordre de charger l'ennemi.

LE COLONEL DE HUSSARDS.

Jeunes amis, venez à moi, venez entendre l'histoire d'un colonel de hussards, brave parmi les braves, noble et généreux frère d'armes de tous ses compagnons.

Il fut un temps où la France, menacée de toutes parts par les puissances qui l'environnaient, semblait devoir, comme plus tard, succomber sous leurs efforts réunis. Il y a bien des années de cela; vos grands-pères étaient des jeunes gens, vos grand's mères des petites filles. Ce n'est pas ici le moment de vous apprendre la cause qui avait rassemblé contre notre belle patrie ces millions de soldats en armes ; quand vous serez plus grands, vous connaîtrez ces pages de notre histoire. Mais dans ces temps si féconds en actions extraordinaires de tous les genres, les hommes de tous les âges et de toutes les classes, couraient sous les drapeaux pour chasser l'ennemi; et les enfans eux-mêmes se sentaient hommes pour défendre leurs mères et leurs sœurs.

Dans un des villages près des villes frontières où les Prussiens pénétrèrent alors, vivait une femme veuve avec un vieux père infirme et deux enfans, une petite fille de six ans et un garçon de quinze. Charles Remana était le nom de ce dernier : nourri dès sa plus tendre enfance par les récits guerriers de son grand-père, qui avait servi sous le maréchal de Villars, Charles ne rêvait que combats ; et les événemens extraordinaires qui se passaient alors élevaient tous les courages, excitaient encore son ardeur. Lui aussi, comme tous les jeunes gens qui l'environnaient, il aurait voulu porter le mousquet; son cœur battait avec violence quand il apercevait au loin les drapeaux ennemis; mais un regard jeté sur sa mère, sur sa sœur et ce vieillard qui avait consacré toutes ses belles années à son pays, imposait silence à ses désirs et lui faisait réprimer ses élans; car il sentait, malgré son extrême jeunesse, que tous ces êtres si chers resteraient sans appui s'il les abandonnait.

Hélas! une circonstance bien malheureuse justifia sa précoce prudence, et réveilla pour toujours dans son ame la haine de la domination étrangère. L'ennemi entra dans le village, tout fut saccagé, perdu, le vieillard mourut de saisissement et de douleur; et un soir, quand tout fut rentré dans l'ordre, que chacun semblait livré au repos, la veuve, disputant avec un soldat, vit se lever sur elle une arme meurtrière; elle allait périr peut-être lorsque Charles l'aperçoit; il s'élance, saisit l'assassin qui, pris à l'improviste, se laisse désarmer et tombe victime de sa brutalité.

Il fallait fuir avec rapidité. Charles enlève sa sœur dans ses bras et sert de guide à sa mère; il les fait sortir en secret, les cache en un lieu sûr, et plein d'une courageuse audace, revient sur le théâtre de son premier exploit; là, tout est ravagé, brisé par ses propres mains : les objets précieux qui peuvent assurer l'existence de celles qu'il a arrachées à la mort sont seuls épargnés et emportés : avant la pointe du jour il a rejoint les deux fugitives, et cherche avec elles une demeure plus éloignée des baïonnettes ennemies.

Mais aussi quand le brave jeune homme fut certain que les objets de sa sollicitude étaient en sûreté, son ame ébranlée ne sut plus réprimer son ardeur, il fallait qu'il contribuât à chasser de la France les soldats qui venaient l'asservir : « Mère, « dit-il à celle dont il venait de sauver les jours, mère, c'est à « vos pieds que j'implore la permission de me montrer Fran- « çais ; que votre bénédiction m'accompagne dans les rangs « de nos braves défenseurs, et Dieu protégera votre fils ; un « jour, quand le pays sera libre, je reviendrai digne d'être « votre appui et le protecteur, l'ami de ma sœur. »

La pauvre dame ne savait que répondre à cette prière de son premier né ; Française, elle l'eût engagé à ce noble dévouement, mère, elle avait peur. Cependant la patrie l'emporta sur l'amour maternel ; ses yeux humides, après s'être fixés sur son fils, s'élevèrent peu à peu vers le ciel et ses mains tremblantes s'abaissèrent avec lenteur sur la tête de l'enfant, elle implora le créateur ; puis, ses bras s'ouvrirent, sa tête se pencha, et elle couvrit de baisers et de larmes celui qu'elle venait de rendre maître de ses volontés.

Charles se sentait heureux, fier; il était homme, il voyait dans cette permission un avenir de gloire et de bonheur pour lui et sa famille; et, après avoir témoigné à sa mère toute sa tendresse, il courut se ranger sous les drapeaux.

Aussi soumis à la discipline qu'intrépide au combat, son avancement fut rapide sans faire de jaloux; car chaque soldat lui avait une obligation, et chaque officier faisait son éloge; cependant il sentit bientôt qu'un aveugle courage ne suffisait pas pour réussir, et il consacra à l'étude les momens que ses devoirs lui laissaient libres. Cette aptitude qui annonçait tant de sagesse dans un âge si peu avancé, fixa particulièrement l'attention des principaux chefs. Le général, qui commandait la division l'approcha de sa personne en qualité d'aide-de-camp, et dès lors, comme il l'avait dit à sa bonne mère, il put être son appui et l'honneur de ses vieux jours. Enfin, à peine depuis huit ans, Charles avait-il affronté l'ennemi, que le commandement d'un régiment de hussards fut confié à sa prudence et à sa valeur. Déjà son nom généralement connu et respecté, inspirait la confiance aux soldats, ou jetait l'épouvante dans les rangs ennemis.

Gloire à tous ceux qui, comme lui, savent unir la valeur à la prudence, et la bonté au savoir.

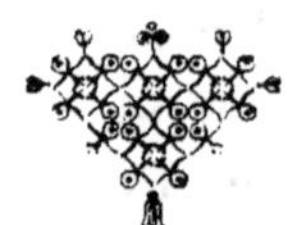

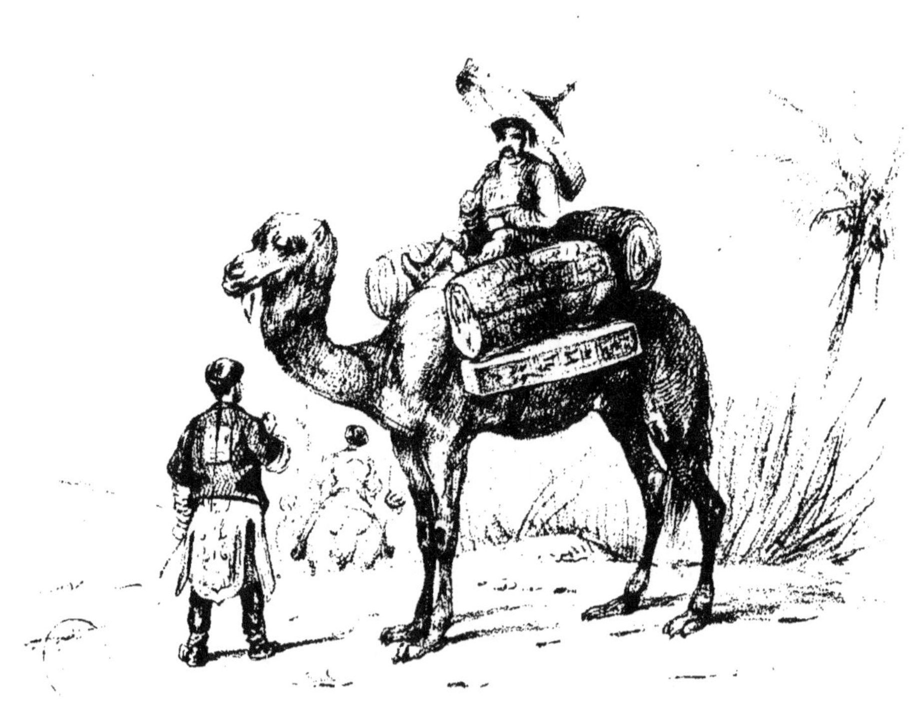

M[d]. Siamois en voyage.

Connaissez-vous l'Asie? cette grande partie du monde, la plus vaste de l'ancien continent et notre institutrice dans la civilisation, les arts et l'industrie? Si vous n'avez pas encore étudié la géographie, cette science qui enseigne la position de tous les pays, les mœurs de leurs habitans, les produits de leur sol, demandez à voir une mappe-monde; alors, après avoir cherché notre Europe dans un petit coin au nord-ouest, vous appuierez à droite, et toutes les terres qui bornent l'Europe à l'est et se prolongent jusqu'à la mer, c'est l'*Asie*. Eh bien! dans cette immense étendue, toujours à droite au sud, vers les mers de la Chine, et tenant à l'empire des Birmans, est le royaume de Siam, autrefois puissant et riche, et célèbre pour ses superbes éléphans. Les guerres longues et désastreuses que les Siamois eurent à soutenir contre les Birmans, ruinèrent et dévastèrent leurs états; aujourd'hui le royaume est peu peuplé; les richesses ont passé dans les mains de leurs voisins, et cependant les habitans sont assez industrieux; quelques uns s'adonnent au commerce : comme presque tous les peuples de l'Asie, ils partent par caravanes nombreuses, montés sur des chameaux ou des dromadaires au dos bossu, au long cou contourné, animaux sobres et infatigables marcheurs. Le commerçant, assis sur sa monture comme sur un trône, est environné de ballots de marchandises; et, dans cet équipage, il traverse les villes, les forêts et les déserts, trafiquant partout où il trouve des chalans, vendant ici et rachetant là, pour revendre encore ailleurs.

C'est ainsi que Baï-Faié, que vous voyez, jeune homme d'une grande famille de la ville de Siam, car la capitale porte

le nom du royaume, s'en revenait, riche et savant, après avoir
couru le monde.

Baï-Faié, comme presque tous les Siamois, était petit, assez
bien fait, le teint d'un rouge brun, les pommettes saillantes, le
front étroit, la bouche grande et les dents noires. Ce dernier
article est un objet de mode. Au reste , c'est ainsi que sont
tous ses compatriotes, et il paraissait encore assez joli garçon
pour un Siamois ; car, contre l'ordinaire des gens de son pays,
ses yeux s'animaient d'une expression de bonté et de finesse
qui n'était pas sans agrément. Mais ce qui vaut mieux que la
beauté, en tous pays, et ce qu'il possédait amplement, c'était un
bon cœur et de la sensibilité. Le père de notre jeune homme,
quoique d'une très grande famille , comme je vous l'ai dit,
n'en était pas plus riche pour cela ; la prospérité des siens
avait suivi le sort de la patrie, l'abaissement de l'une avait en-
traîné la ruine de l'autre, et Baï-Faié, à peine âgé de douze ans,
voyait avec une profonde douleur le père qu'il chérissait et
dont il connaissait la noble origine, contraint à un travail opi-
niâtre et fatigant dans un âge qui appelle le repos, et sous un
soleil brûlant qui énerve le corps ; aussi le jeune Siamois avait-

il juré qu'à force de peine et de travail, à son tour, il rendrait
le bonheur au vieillard. Vous sentez bien que le courage ne
faillit pas pour une telle entreprise ; la Providence se plaît
à aider et secourir les bons enfans dans l'accomplissement
d'aussi louables projets. Baï-Faié, qui ne pouvait former qu'une
bien mince pacotille, et auquel les moyens manquaient pour
avoir un chameau et un serviteur, n'hésita pas à se faire d'a-
bord, lui-même, serviteur d'un riche marchand qui avait de
grandes relations, et faisait tous les ans de longs et profita-
bles voyages. Après avoir reçu la bénédiction de son père, et
lui avoir promis de revenir plus heureux, le jeune homme,
chargé de son petit paquet de marchandises, partit avec son
nouveau maitre, bien résolu à tout braver pour réussir. Les
fatigues, l'humiliation, rien ne le rebuta dans son nouvel état ;
et, tandis que ses manières, plus distinguées que celles de ses
compagnons, attiraient l'attention de son maitre, son humeur douce et égale gagna son affection. Baï-Faié alors se ha-
sarda à lui avouer sa position, le sort de sa famille et le vœu
qu'il avait formé. Le commerçant était bon homme, la résolution et le courage du jeune homme le touchèrent ; il s'y in-

téressa, se chargea lui-même de sa petite pacotille qui, dans ses mains, acquit une plus grande valeur, et s'écoula fructueusement; puis, il lui en fit employer le produit, sans en rien distraire, à faire de nouveaux achats dans lesquels il le dirigea. Peu à peu Baï-Faié prit de l'habitude, fit bien ses affaires sans négliger celles de son maître; pour son père seul, il faisait tous les ans une brèche aux capitaux acquis; et enfin, après trois ou quatre voyages, se trouvant possesseur d'une somme assez ronde, et d'après le conseil de son patron, Baï-Faié quitta son service, acheta un chameau qu'il soignait et conduisait lui-même, ne voulant pas, pour son usage, prendre sur le dos du docile animal, une place plus utilement occupée par les ballots. Tant d'économie et de travail devaient amener un bon résultat: aussi notre jeune Siamois parvint-il en peu d'années à agir comme tous les marchands des caravanes; mais alors son vieux père avait une des plus jolies maisons de Siam, qui sont toutes construites en bambous, élevées sur des colonnes à cause des inondations, et transportables à volonté; le brave homme pouvait s'abandonner sans crainte à la sieste, faire ses promenades du soir; il était heureux enfin, heureux par les soins et le courage de son fils. Oh ! que ce bonheur-là est doux au cœur d'un père!

Cependant, pour assurer cette première aisance, il fallait encore du travail et de la persévérance : Baï-Faié n'en manqua pas, il voyagea long-temps encore ; toujours prudent et économe, peu à peu sa fortune augmenta, sa réputation s'étendit, et un beau jour, satisfait de ses richesses, ne voulant pas fatiguer le sort, il vint pour toujours se fixer près de l'auteur de ses jours. A partir de ce temps, sa famille reprit son rang, sa noblesse, et fut doublement honorée dans le pays qui avait vu ses malheurs et la belle conduite du fils ; car, mes amis, il n'est pas un petit coin sur la terre où la vertu n'inspire l'estime et le respect.

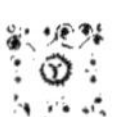

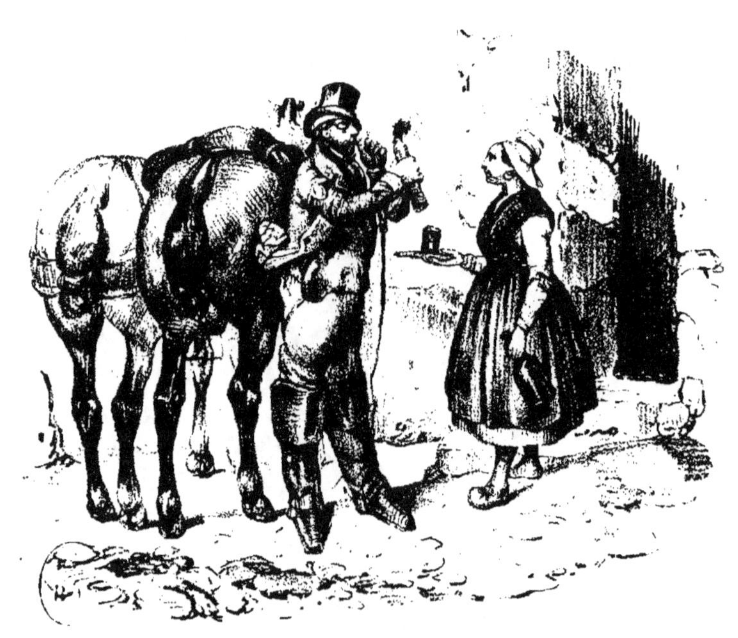

J'allume, je bois et je pars.

Jacques - Denis, surnommé le Braillard, postillon de
M. Martin, maître de poste, à Rambouillet, était un ancien
brigadier du 3e régiment des hussards de l'armée, qui avait
fait ses dernières preuves à Waterloo. — Après les *cent-jours*,
Jacques-Denis, ayant achevé son temps ne voulut plus servir.
— Seul au monde, natif de la Bretagne; sans père, ni mère,
ni parens, il se dit : Je commence à être un vieux soldat.
Sous *l'autre*, en guerroyant toujours, j'aurais pu amasser

quelque chose : des coups de sabre et des galons de plus...
puis, les invalides peut-être. Sous le nouveau maître que
ferai-je? — Le hussard ne savait pas trop. Il connaissait
Rambouillet. Il y avait un ancien camarade, postillon chez
M. Martin. Il faut que j'aille le voir, pensa-t-il... — Huit jours
après, le Braillard était habillé de neuf, à la livrée des postes
royales, portant à son chapeau *ciré* une touffe de rubans en
l'honneur de sa réception à la poste, entre les *bidets*, les
maillets, l'ancien et les *ronflans*, qu'il avait régalés. — Déjà,
en 1830, lors des trois fameuses journées, qui conduisirent
des princes malheureux à Rambouillet, il avait cassé plus de
cent mèches de fouet au service de la cour et de la ville, au
dépens des rosses de M. Martin. — Le Braillard se trouvait
toujours prêt, sa tenue était soignée, et jamais les voyageurs
ne s'étaient plaints de ses lenteurs. — Oh! ohé! clac! clac! en
deux minutes il était à cheval et la chaise roulait. — Lorsqu'il
revenait du relais, ramenant ses chevaux à la poste de M. Martin, s'arrêtait-il au cabaret de la mère Mabille, dont la servante Mariton lui apportait un verre de vin avec un tison
pour allumer sa pipe, le Braillard ne prononçait que ces mots :

J'allume, je bois et je pars. — Oh! celui-là, disait la cabaretière lorsqu'il était en route, si ce n'est pas le plus jeune de la poste, ce n'en est pas le plus fainéant...

Jacques-Denis paraissait insouciant, souvent une machine qui ne savait que son état de postillon; et cependant, sous cette rude écorce d'homme, ce ton criard et ce laisser-aller de sans souci, il y avait un cœur noble, généreux, que les belles actions de la guerre avaient agité plus d'une fois. — On racontait que Jacques-Denis, et pourtant il ne s'en vantait jamais, avait honoré sa vie militaire par un trait d'humanité et à la fois de courage, qui eût fait envie à un Bayard... — Voici le trait : Après le sac d'une ville rebelle en Espagne, dont les habitans révoltés et sanguinaires avaient assassinés les malades mis à l'hôpital, Jacques-Denis, brigadier au 3e régiment de hussards, fut employé, avec dix hommes, à la garde d'un vieux château des environs, où l'on avait entassé des femmes, des vieillards, des trésors et de pauvres enfans abandonnés. — Plusieurs religieuses s'y étaient réfugiées aussi; et les hussards se trouvaient seuls pour garder, défendre ce refuge de l'innocence et de la vieillesse, contre une soldatesque en fureur...

Une famille noble, composée d'un vieillard, une jeune fille de seize ans et un enfant, s'étaient réfugiés pendant la nuit, avec un seul de leurs serviteurs, vieux domestique, presque aveugle, dans un des souterrains de ce château. —Jacques-Denis, responsable de ses prisonniers, craignait, soit l'émeute, les guérillas qui rôdaient aux environs, ou nos fantassins de la ville, exaspérés par la conduite de ses habitans, qui auraient bien pu venir jusqu'à leur refuge pour s'en venger ; il résolut cependant de remplir, au péril de sa vie, l'ordre qui lui avait été donné par son chef, en faisant respecter les malheureux commis à sa garde, jusqu'à ce qu'on eût des nouvelles du quartier - général, où l'on avait fait demander des instructions.

Jacques-Denis eut bientôt découvert l'asile de la famille noble qui, plus morte que vive, à la vue des hussards français, se crut à sa dernière heure. — Le vieillard, la jeune fille, l'enfant et le domestique, voyant que les hussards obéissaient au brigadier, se jetèrent à ses pieds pour lui demander grâce. Ils se croyaient condamnés à mourir, et faisaient retentir l'air de leurs cris déchirans!... Ce qui augmentait en-

core les craintes de ces infortunés, c'était une soldatesque ef-
frénée, des tirailleurs irrités, sans guide, éparpillés dans la
campagne, qui cherchaient du sang et le pillage. Ils étaient
venus au château en nombre considérable : à la vue de la jeune
fille, brillante de jeunesse et de bijoux, du vieux gentilhomme
en habit galonné, des pauvres religieuses agenouillées et tremblantes d'effroi, ils criaient vengeance! et demandaient de l'or.
— Mais Jacques-Denis était là, à cheval, avec ses dix hommes;
il fit rentrer tous ses captifs au moment de l'arrivée des mili-
taires vagabonds, et fermer la grille d'entrée, puis il ordonna
à deux de ses cavaliers, auxquels il avait fait mettre pied à
terre, de rentrer avec eux, de barricader les portes et d'en répondre sur leur tête. — Il répondait lui-même, sur la sienne,
et sur celle de ses huit autres camarades, de la porte principale du château. — Ni l'or, ni l'argent, rien n'avaient pu le
séduire. — Nous partagerons, lui observaient les fantassins
ivres de carnage, groupés autour de lui; laisse-nous entrer :
tu auras la moitié du butin!... Rejoignez votre corps, disait le
brigadier aux tirailleurs, et laissez-moi exécuter ma con-
signe.... — Mais tu ne gardes là que des assassins, repre-

naient les furieux ; et tous ces gens-là regorgent d'or : ta fortune et la nôtre seront faites, si tu nous laisse entrer... —
Pas possible ! répondait avec un grand sang-froid le hussard ;
et il faisait mettre en bataille ses huit hommes, leur ordonnant
de prendre la carabine et de faire feu sur ceux qui appro-
cheraient ou feraient mine de les forcer... — Cette manœuvre
dura très long-temps. — Enfin, il arriva un officier supérieur
avec un piquet d'élite, qui fit mettre, vers la nuit, les prisonniers en sûreté dans un couvent de la ville incendiée, qui était
resté debout. — Quant à la famille noble, le brigadier et quatre
hommes, qu'il obtint de son officier, furent désignés pour les
conduire à trois lieues plus loin, dans une ville amie, où ils
devaient être en sûreté. — Cette famille, était celle du mar-
quis de Las-Amarillas : elle devait assurément la vie au
brigadier, qui, pendant toute la route et une partie de la
nuit, reçut et porta sur son cheval, la jeune fille et son jeune
frère, tandis que leur père et le vieux domestique occupè-
rent alternativement la croupe des chevaux des autres hussards, si dignes d'être associés aux sentimens généreux de leur
chef.

Arrivés à la ville, la famille espagnole fut, mise en sûreté chez des amis qui jouissaient d'une haute considération. — Cette ville avait une nombreuse garnison française. — On offrit à Jacques-Denis et à ses camarades une récompense ; il la refusa modestement ; et, relevant avec orgueil sa moustache, au son de la voix douce de la jeune fille qui lui devait plus que la vie, et lui présentait un chapelet à grains d'or et de jaspe, en lui disant en très bon français : Monsieur le hussard, voilà tout ce que je possède pour le moment : c'est le chapelet que m'a donné ma mère à son lit de mort... Acceptez-le, en attendant que nous puissions vous et vos camarades, vous récompenser aussi généreusement que vous le méritez... —Le soldat répondit : Un Français, est un Français, mam'zelle ! et quand il fait son devoir, il n'a pas besoin de récompense. — Il ne voulut donc rien prendre. — Voilà quel était le caractère de Jacques-Denis. Le postillon, en changeant de costume, n'avait point changé de cœur : son caractère était resté le même. Il babillait, il buvait le petit coup ; mais il était honnête, essentiellement honnête... Et il ajoutait lui-même, en riant, lorsqu'on lui parlait de cette histoire, et de bien d'au-

tres à sa louange : Le hussard devenu postillon est né malin,
voyez-vous ; mais, il est loyal et brave. — C'est le type du
Français.

LE COLONEL KERKADOF.

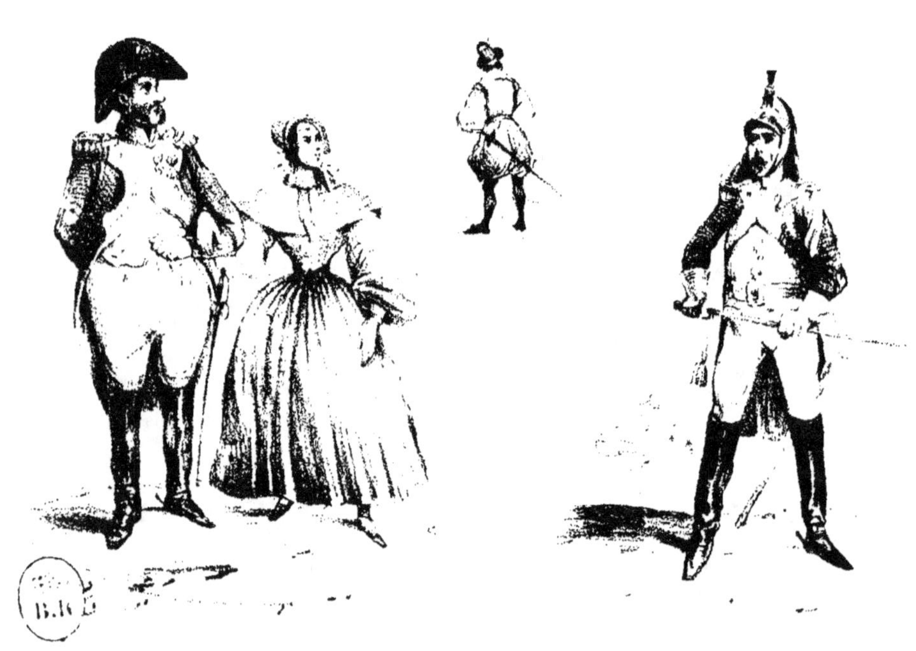

Voyez vous ce Dragon? il est ivre.

LE COLONEL KERKADOFF.

Le colonel Kerkadoff était un vieux troupier de l'Empire qui avait acquis tous ses grades dans le même régiment et sur les champs de bataille.

L'année 1789 le trouva *caporal* dans le régiment d'Agenois. — Il y avait déjà fait huit années de service, et personne ne savait mieux que lui dégourdir les recrues, les mettre au pas, et leur apprendre le maniement des armes. — L'année 1791 vit la plupart des officiers des régimens français abandonner leurs rangs et leurs soldats, pour déserter à l'ennemi; ils furent remplacés à leurs corps par des sous-officiers. — Thomas Kerkadoff devint alors lieutenant de grenadiers par le choix de ses camarades, et le gouvernement de cette époque confirma sa nomination. — Les premières hostilités qui eurent lieu sur le *Rhin*, virent briller le lieutenant Thomas, que le général en chef Jourdan fit passer capitaine.

M. Thomas, après s'être distingué à *Lodi*, *Arcole*, puis en Egypte aux combats des *Pyramides*, du *Montabor*, d'*Aboukir*, était déjà chef de bataillon à *Marengo*, lorsque Napoléon gagna cette bataille qui devait décider de sa gloire. Et, suivant le cours de ses succès, avec celui de nos glorieux avantages, le commandant Thomas contribua successivement aux victoires d'*Austerlitz*, *Wagram*, *Eylau*, de la *Moscowa*. — Il était colonel à *Eylau*. — Il se trouva avec son régiment, la veille de la bataille, sur un point difficile. La neige tombait de tous les côtés, et le vent la chassait à la figure de ses soldats. Son cheval secouait les oreilles et avançait difficilement. C'est dans cet instant que l'Empereur, qui visitait les positions avec

Berthier et quelques officiers d'ordonnance, le rencontra... Il lui dit : Colonel, vous êtes du corps de Ney : vous devez vous porter, avec votre régiment, sur tel point... — Le colonel : Je m'y porterai, sire. — L'Empereur : Mais, il faut que vous y soyez cette nuit, malgré le mauvais temps, et que ce poste soit enlevé et gardé jusqu'à l'arrivée présumée de l'ennemi. — Le colonel : Tous vos ordres seront exécutés, sire. — Napoléon : Maitre de la position, il faudra la garder jusqu'à ce que le mouvement que j'ai ordonné soit accompli. — Le colonel : Mes soldats se feront tuer jusqu'au dernier avec moi plutôt que d'enfreindre l'ordre. — Napoléon : c'est bien. Et l'Empereur passa outre.

M. Thomas Kerkadoff tint parole : il arriva sur la hauteur qu'on lui avait désignée ; il en chassa l'ennemi à la baïonnette, malgré sa résistance, et se tint ensuite à son poste jusqu'au moment où il devait donner à son tour, avec son régiment. La bataille eut lieu. Le colonel se conduisit comme on devait s'y attendre. L'artillerie française fit d'abord beaucoup de mal à nos adversaires, que Davoust venait attaquer sur leurs derrières, pendant qu'Augereau allait fondre sur leur centre.

lorsqu'une neige épaisse plongea les deux armées dans l'obscurité, et sauva les Russes d'une destruction complète. Augereau s'égara un moment au milieu d'eux. Pour le tirer de cette position périlleuse, il fallait la promptitude de conception de l'Empereur, et la rapidité autant que la vigueur d'exécution de Murat. La cavalerie, soutenue par la garde tourna la division Saint-Hilaire, et tomba à l'improviste sur l'ennemi. Tout ce qui voulut s'opposer à elle fut culbuté. Elle traversa plusieurs fois l'armée russe, semant partout l'effroi et la mort. Dans ce moment, les maréchaux Davoust et Ney s'approchèrent en débouchant, l'un sur les derrières, l'autre sur la gauche des Russes... Le colonel Thomas, au milieu des grenadiers moscovites, en fit un horrible carnage; mais une balle vint l'atteindre à la poitrine, et il tomba dans la neige. On le crut mort, et ce ne fut qu'après la bataille qu'il fut relevé, pansé et porté à l'ambulance, où, le deuxième jour, les chirurgiens déclarèrent qu'ils le sauveraient. — En effet, ce brave officier, trois mois après, était rendu à l'armée et à la gloire.

Le brave colonel Thomas (c'est ainsi que le plus souvent on l'appelait) se trouva, peu de temps après sa guérison, commander une autre attaque. C'était encore un poste dont il fallait s'emparer, et il le prit ; mais ce ne fut pas sans perte. Il eut affaire à deux régimens russes, qui se battirent comme des enragés : c'étaient des grenadiers, des tours qu'il fallait démolir avant que de les emporter. A la suite de ce combat, la division dont faisait partie le colonel, entra dans une grande cité : c'était *Breslaw*, capitale de la *Silésie*, belle et riche. *Breslaw*, était anciennement ville libre et impériale. Elle est passée sous la domination prussienne, en 1740. Elle a conservé ses priviléges, et entre autres son université, qui est célèbre. Cette ville est sur l'*Oder* ; ses places sont vastes, régulières, et ses édifices remarquables. On y distingue principalement l'Hôtel-de-Ville, dont la tour, dite la Tour de l'Horloge, passe pour la plus belle et la plus haute de toutes celles d'Allemagne. A chaque fois que l'heure sonne, il s'y fait entendre un concert de trompettes et de quelques autres instrumens fort amusans. La Bourse est aussi un bâtiment très beau. La cathédrale est située dans une île formée par l'*Oder* : c'est à cause de cela qu'on l'appelle l'île du Dôme. Cette ville, qui n'a pas moins de 60.000 ames de population, possédait de bonnes fortifications ; mais les Français, en la prenant, en 1807, les firent démanteler. — Le colonel Thomas, s'y trouva bien. Il eut son logement chez la veuve d'un ancien major prussien. Le colonel, même à cette époque, n'était ni jeune, ni beau ; mais on le considérait comme un excellent homme, un brave militaire. Il devint l'époux de madame Mayer, et le protecteur de sa jeune fille Louisa. La guerre cessa un moment, M. et madame Kerkadoff vinrent en France. La veuve de l'ancien major ne put s'accoutumer au changement de climat. Elle avait depuis long-temps une maladie de langueur qui la conduisit au tombeau. Sa pauvre Louisa, bien triste, bien jeune, fut mise en pension à *Ecouen*, avec les filles des membres de la Légion-d'Honneur. Son père, venait d'être fait baron ; mais il était obligé de toujours combattre, et cela dura jusqu'en 1814, que l'Alexandre moderne fut abattu. Toutefois, M. Thomas, l'un des plus anciens colonels de l'armée, n'eut point d'avancement, malgré ses nombreuses blessures, et ses actions d'éclat. C'était un officier modeste et incapable de la moindre courbette pour demande ce qu'il eût été si juste de lui accorder. Le retour de l'île d'*Elbe,* par Napoléon, le trouva à son poste; puis à *Water-loo,* où la moitié de son régiment, renouvelé dix fois depuis qu'il le commandait, resta sur le champ de bataille. — L'ancien soldat, bien triste, après la chute du héros, se retira à *Soissons,* lieu de sa naissance, avec sa retraite qu'il demanda et obtint. Nous l'avons remarqué en 1835, avec son grand uniforme de colonel, dont il aimait souvent à se parer, comme aux beaux jours de sa gloire, donnant le bras à mademoiselle Louisa, sa fille adoptive. Ils se promenaient ensemble, lorsque je les vis : peu loin d'eux passait un militaire qui n'avait pas toute sa raison; car, il allait en trébuchant. J'entendis le vieux colonel qui le faisait remarquer à sa jeune compagne, en lui disant : Voyez-vous ce dragon? il est ivre. — Le colonel Kerkadoff est bien portant encore : si vous voulez le voir, allez le dimanche à la messe, ou à la promenade, et vous le verrez en tenue de colonel d'infanterie, culotte courte, bottes à l'écuyère, comme au temps de l'Empire, accompagnant toujours son excellente fille, mademoiselle Louisa Mayer.

A voir la mine piteuse de ce pauvre Le Gentil, de ce rempailleur de chaises, sa tournure grotesque, ses jambes arquées, ses bras longs et maigres, faisant toujours, quand il marche et agit, les mouvemens d'un télégraphe en fonctions, ne dirait-on pas que cet être, disgracié de la nature, en est le plus malheureux?

Il est vrai que le rempailleur Antoine, qu'on appelle, par dérision, Le Gentil, sert de risée à toutes les bonnes, à

LE GENTIL.

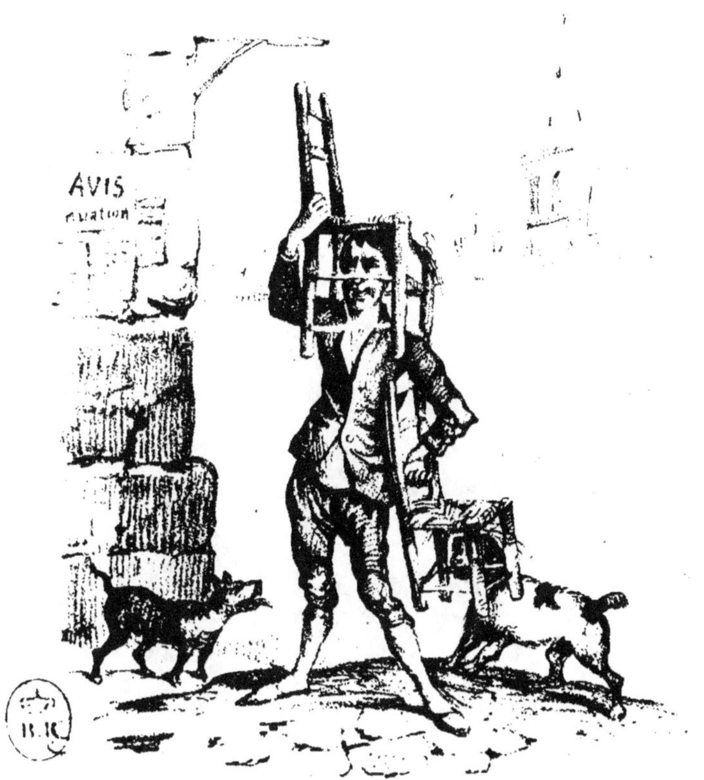

remailleur de chaises

tous les enfans mal élevés de son quartier, qui ne cessent d'ameuter les chiens du voisinage contre lui. Aussi ces animaux sont si bien accoutumés à lui mordre les jambes lorsqu'il passe, que l'infortuné cherche à s'en garantir, en portant presque toujours avec lui deux chaises, l'une sur sa tête et l'autre à la main pour les opposer à leurs dents meurtrières.

Cependant ce pauvre homme, si contrefait, si bafoué, vivant au jour le jour de son pénible travail, cachait une belle ame sous des dehors rebutans; car Le Gentil, outre sa tournure déjetée, son visage hideux, était toujours salement vêtu, au point qu'on le regardait comme une espèce de paria (1), un

(1) *Paria*, *parréa*. — On désigne sous ce nom, parmi les habitans idolâtres de l'Indostan, une classe d'hommes objets d'horreur et universellement méprisés. Il ne leur est point permis de vivre avec les autres Indiens. Ils habitent à l'extrémité des villes ou à la campagne, et ils ont des puits pour leur usage, où personne ne va jamais puiser. Dans les villes, les parias ne peuvent pas même passer par les rues où demeurent les bramines. Il leur est défendu d'entrer dans les temples ou pago-

homme en dehors, pour ainsi dire, de la société. Pourtant, sous cette enveloppe grossière, il y avait un cœur noble et bon, compatissant aux peines des autres. Antoine, timide, taciturne, même honteux, connaissait sa situation et tâchait de s'y faire. On le disait un enfant abandonné, que la Providence avait conservé au milieu du monde, comme ces plantes per-

des, qu'ils souilleraient de leur présence. Ils gagnent leur vie à ensemencer les terres des autres, à bâtir pour eux des maisons de terre, et en se livrant aux travaux les plus vils. Ils se nourrissent des vaches, des chevaux et des autres animaux qui sont morts naturellement; ce qui est la principale source de l'aversion que l'on a pour eux. Quelque abjects que soient les *parias*, ils prétendent être supérieurs à d'autres hommes que l'on nomme *scripères*, avec qui ils ne veulent point manger, et qui sont obligés de se lever devant eux lorsqu'ils passent, sous peine d'être mal traités. Ces derniers sont appelés *Hal al chours*, à Surate, nom si odieux, que l'on ne peut faire une plus grande insulte à un banian, que de le lui donner: ce mot signifie glouton, ou un homme qui mange tout ce qu'il trouve.

(DIDEROT.)

dues dans un champ inculte, dont le hasard seul peut faire découvrir les précieuses qualités.

Le pauvre rempailleur demeurait rue de Verneuil, au fond d'une cour, dans une vieille remise délaissée et sombre, où il avait établi son atelier et ses vieilles chaises, sa chambre à coucher et sa cuisine; c'est là qu'on lui apportait de l'ouvrage; la plupart du temps on venait le chercher, on le payait, et cela ne faisait ni embarras, ni bruit. Antoine travaillait en silence, ne parlait jamais à la portière que pour payer son terme qui était de 15 francs tous les trois mois, et ne conversait avec personne. Il allait chaque matin chercher une tasse de lait et un demi-pain de munition, un saucisson de trois sous et un peu de mou pour son chat, le seul ami qu'il eût. Tous les dimanches, on le voyait agenouillé à l'église, ayant la barbe fraîche, du linge blanc, sa modeste veste moins sale, entendant la messe avec recueillement, en lisant dans un gros livre d'heures. Voilà quelle était la vie du rempailleur de chaises, que de mauvais garnemens s'amusaient à tourmenter quand il sortait, et que des gens du peuple entretenaient tant bien que mal de travail.

Un jour on vit arriver Antoine, portant sur ses épaules un petit malheureux aussi mal vêtu que lui, qu'il déposa dans sa remise. Le rempailleur ne reparut pas de trois jours. La maison où il demeurait avait changé de maîtres et de portier. Une vieille femme veuve remplissait ce dernier emploi; elle était curieuse et voulait connaitre tous les locataires avec lesquels elle devait avoir des relations. Elle fit ce qu'elle put pour engager la conversation avec l'homme de la remise, mais celui-ci, suivant sa coutume, fut sourd à toutes ses avances. La portière crut mieux réussir en mettant en avant son maître, le nouveau propriétaire. Cette femme lui persuada que la remise d'Antoine, un peu nettoyée, pourrait être louée plus avantageusement; elle lui parla ensuite de ce malheureux enfant qu'elle avait vu sur les épaules du rempailleur de chaises, et qui n'avait pas reparu. Enfin la portière engagea le propriétaire, qui était un grand seigneur, à voir son locataire... Un matin donc ce dernier reçut sa visite. — En entrant dans la remise le visiteur fut obligé de se boucher le nez, tant l'odeur qui en sortait était désagréable. Antoine était à l'ouvrage, un chaise entre les mains, ayant son chat sur une épaule, tandis qu'un jeune garçon, près de lui, à l'air misérable, apprêtait des brins de paille. Le propriétaire prit ainsi la parole :

Le propriétaire. — C'est monsieur Antoine, je crois, qu'on vous nomme?

Antoine. — Monsieur, ou Antoine tout court; comme vous voudrez.

Le propriétaire. — Je suis le nouveau propriétaire.

Antoine. — On peut vous en féliciter; car la maison parait bonne, et rapporte.

Le propriétaire (à part). — On m'avait dit que cet homme était un idiot, et voilà des réponses pleines de sens. (*Haut*) Gagnez-vous un peu votre vie?

Antoine. — Je paie exactement mon terme, et je ne me plains jamais; on a dû vous le dire.

Le propriétaire. — Vous n'êtes pas riche cependant.

Antoine — Pardonnez-moi, j'ai de la santé et du travail.

Le propriétaire. — Avez-vous toujours fait cet état?

Antoine (le regardant). Pourquoi cela?

Le propriétaire. — C'est que vous m'inspirez...

Antoine. — De la curiosité?... ou de l'intérêt?

Le propriétaire (lui prenant la main). — De l'intérêt.

Antoine (respirant). —Vous n'êtes pas comme tout le monde, vous?...

Le propriétaire. — Excusez mes questions. Mais votre langage...

Antoine.—Aurait-il quelque chose d'offensant?... Pardonnez-le moi, car que peut-on attendre d'un être aussi disgracié que moi de la nature.

Le propriétaire.—Est-ce votre fils que je vois là, près de vous?

Antoine. — Non.

Le propriétaire. — C'est peut-être un de vos parens?

Antoine. — Comme à vous, puisqu'il est de la grande famille humaine.

Le propriétaire. — Comment? je ne vous comprends pas.

Antoine. — Ecoutez donc. Il y a trois jours, je passais **rue** de Beaune, portant des chaises, qu'on m'avait données à raccommoder; deux chiens du voisinage, m'ayant senti, coururent après moi, c'est leur usage; ce qui ne m'empêcha pas de voir, à l'entrée d'une allée, un pauvre petit Auvergnat étendu sur le pavé, et qui tremblait la fièvre. Il était à côté d'une laitière, qui servait ses pratiques et ne prenait pas garde à lui. Je m'approche ; le malheureux enfant était dans un état alarmant. Je le charge sur mes épaules... On me crie : à l'hôpital ! à l'hôpital ! — Oh ! bien oui, à l'hôpital, me fis-je : il y en a assez comme cela à l'hôpital ; et je l'apportai ici, où vous le voyez, bien portant, à présent, Dieu merci, et travaillant.

Le propriétaire. — Vous-êtes un brave homme.

Antoine. — L'enfant est comme moi, seul au monde, je vais lui apprendre mon état.

Le propriétaire (ému). — Et vous allez accomplir cette bonne œuvre, sans avoir réfléchi peut-être si elle ne sera pas au-dessus de vos forces ?

Antoine. — De mes forces ?... Point du tout ! et Dieu qui nous voit, qui juge nos pensées, comme nos actions, m'aidera aussi un peu.

Le propriétaire. — Vous avez raison. Déjà il vous a entendu, et je viens...

Antoine. — Pour me donner congé ? La portière me l'avait

dit. J'en suis fâché, je m'étais accoutumé à votre maison qui est tranquille. Malgré ma nouvelle charge, je vous paierai bien encore; car on m'a promis de l'ouvrage pour mon apprenti. D'ailleurs l'Être suprême, n'est-il pas le père des orphelins?

Le propriétaire (attendri). — Oui, mon ami, et il ne sera pas dit qu'un homme comme vous, que j'estime, quittera ma maison. Vous y resterez; quant au loyer, ne vous en inquiétez pas désormais, je vous donnerai assez d'ouvrage pour l'acquitter.

Antoine. — Eh! bien, s'il en est ainsi, vous me ferez plaisir.

Le propriétaire et le locataire se quittèrent les meilleurs amis du monde. Le premier, était M. le comte de Lacépède, ce savant si distingué, ancien grand-chancelier de la Légion d'Honneur, le continuateur de Buffon. Depuis ce jour, il venait quelquefois causer avec Antoine, et semblait de plus en plus satisfait de la conversation du rempailleur de chaises qui parvint à élever son protégé; et M. de Lacépède, à sa considération, le plaça.

Le protecteur et le protégé, sont aujourd'hui dans un autre monde, après avoir, dans celui-ci, rempli honorablement leur tâche. Puissiez-vous, mes lecteurs, être aussi heureux qu'ils le furent.

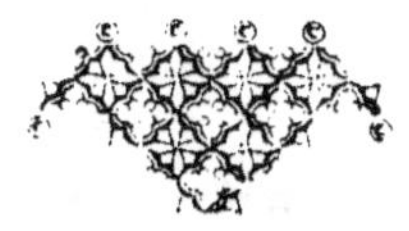

Voici encore un de ces officiers comme la révolution et les beaux temps de notre gloire militaire en ont formé beaucoup. Ce brave officier, né en 1768, entra jeune au service et passa successivement par tous les grades. — Le colonel La Houssaye et le colonel Lassalle, tous les deux officiers des plus distingués de notre cavalerie légère, en furent toujours les modèles et les maitres. Quand ces deux braves chargeaient à la tête de leur régiment, on pouvait dire d'avance que l'ennemi ne tiendrait pas, qu'il serait enfoncé et vaincu.

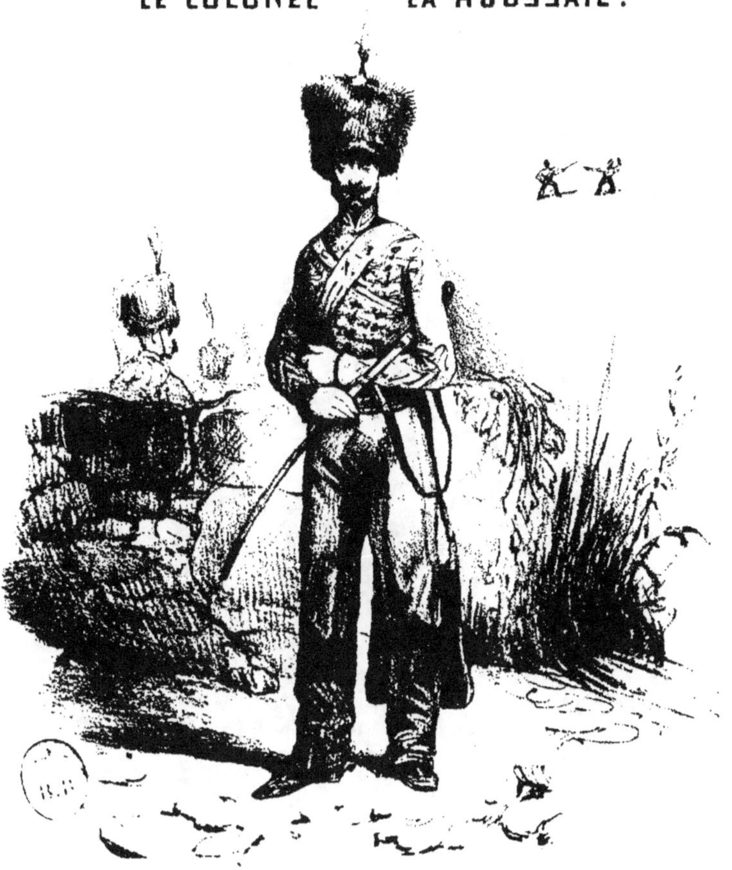

Chasseurs à cheval

La Houssaye fut fait, en 1804, colonel de chasseurs à cheval et général de brigade : il ne tarda pas à acquérir le titre de baron et de lieutenant-général de cavalerie, avec les ordres d'officier et de commandant de la Légion-d'Honneur.

La légère biographie que nous offrons ici est celle de La Houssaye (Armand le Brun), qu'il ne faut pas confondre avec le chef de chouans de ce nom. C'est surtout en 1805, 1806 et 1807 que La Houssaye se fit particulièrement remarquer par sa bravoure, ses talens, sa belle conduite contre les Autrichiens, les Prussiens et les Russes. Il se montra en héros à la bataille d'Eylau (14 mai 1807), où il acquit le grade de général de division. — Il y commanda les dragons qui firent des prodiges de valeur sous les ordres du maréchal, prince de Ponte-Corvo, aujourd'hui roi de Suède, qui reçut dans cette journée une balle à la gorge.

Employé en Espagne, en 1808, il prit une part active à la prise de Madrid et s'empara de l'Escurial, suivant les instructions qu'il en avait reçues. Toujours brave, intrépide et grand tacticien, il soutint, en janvier 1809, une attaque très vive au combat de Pieras. Plus tard il fit partie du 5ᵉ corps de l'armée d'Espagne, et se signala le 8 août au passage du Tage. — On le vit enfin à Taragone, à Villar-del-Orno, au pont d'Occana, où il fit 1,200 prisonniers. En 1812, il faisait partie de notre armée envahissante de la Russie, et soutint jusqu'à Moscou, pendant toute cette campagne, les combats glorieux que nos intrépides ennemis ne cessaient de nous livrer, et fut fait prisonnier à la Moscowa. De retour en France en 1815, il devint chevalier de Saint-Louis, et S. M. Louis XVIII lui donna de l'emploi dans sa garde. — Beaucoup de traits de bravoure et d'humanité font honneur à cet officier, qui sera toujours pour nos contemporains un exemple des vertus guerrières et un général à imiter.

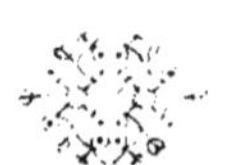

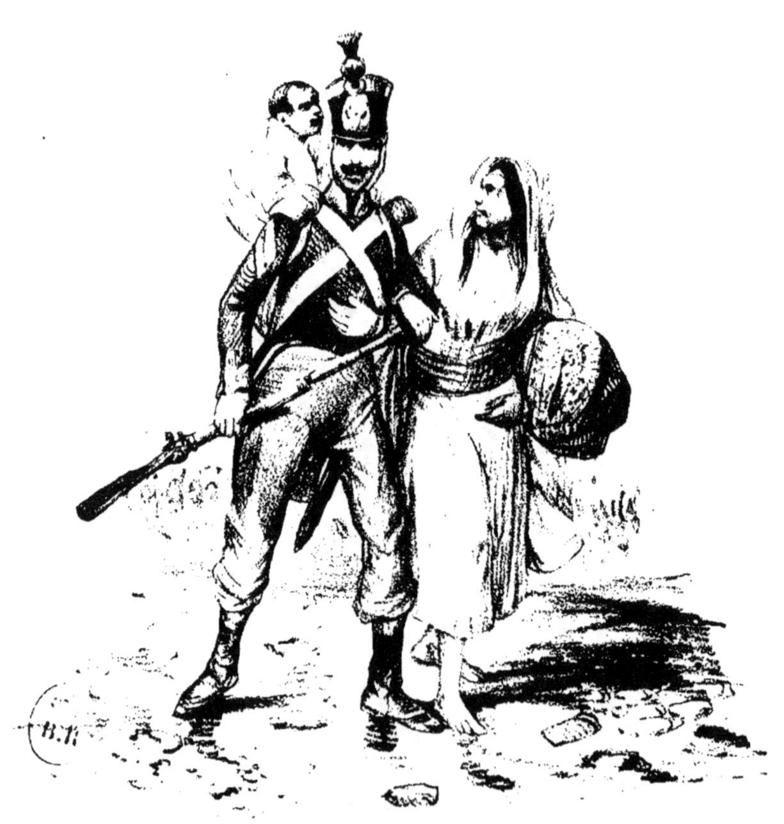

Allons, la juive, plus vite que ça

LE BON TROUPIER.

Un vieux soldat du 17ᵉ léger, encore un brave comme notre armée en rassemble tant, se trouvait en Algérie, à l'époque du siége de Constantine, faisant partie de l'armée conquérante, Jean Millerat est son nom. On sait que le général en chef, Damrémont fut tué devant cette ville de Bédouins ; que le général Vallée, alors commandant d'artillerie, en dirigea si bien le siége, en présence même du duc de Nemours, que nous enlevâmes la place après un assaut des plus meurtriers. On se rappelle que la conduite du général d'artillerie, Vallée, dans cette circonstance, lui valut le bâton de maréchal de France; mais ce qu'on ne sait pas, c'est que le vieux soldat Millerat entra un des premiers par la brèche : tout était confusion, à feu à sang dans la ville; Millerat, comme un Français, un troupier qui sait son affaire, après avoir épuisé ses cartouches et repoussé l'ennemi à la baïonnette, conduisit les blessés à l'ambulance, aida à enterrer les morts, et se mit à fureter dans les habitations encore debout et les décombres fumans.

En entrant dans une maison abandonnée, un spectacle horrible s'offrit à ses yeux : c'était un monceau de cadavres et une jeune femme avec son enfant, qui se cachait derrière un tas de meubles brisés, de provisions éparses et gâchées. Le soldat, après la victoire, est humain et a bon cœur. Les pleurs de la juive, car c'en était une, les cris de l'enfant attendrissent le troupier... Il était entouré de conscrits; il les écarte avec la crosse de son fusil, en leur faisant remarquer les chevrons qui décorent la manche de son habit et son épaisse moustache grisonnante : ça porte respect, ça, voyez-vous; aussi, Millerat put-il s'emparer du bras de la juive qui était parvenue à rassembler à la hâte quelques effets. L'enfant, déjà consolé, et qui n'avait plus peur de la' moustache du Français, grimpa sur son dos, et tous trois sortirent ainsi de la ville embrasée par un côté isolé.

Millerat, dans le premier mouvement d'humanité qui lui avait fait sauver la juive et son enfant, n'avait pas réfléchi qu'en s'éloignant de sa compagnie, au lieu de chercher à la rejoindre, dans la mêlée qui l'en avait séparé, non seulement commettait une faute grave contre la discipline militaire, mais encore courait risque de tomber dans un parti d'Arabes dont la ville conquise se trouvait entourée. Il était indécis ; la juive l'entraînait, et il se laissait faire, poussé par son désir de la sauver ; il lui disait même : *Allons, la Juive, plus vite que ça!* C'est ainsi qu'un premier mouvement amène souvent des événemens inattendus. La position du soldat était embarrassante : son fardeau, quoique léger, n'était pas invisible et pouvait exposer à chaque instant sa vie ; mais l'humanité inspirait le soldat, et il alla son train. La juive, son fils et le voltigeur tournaient le dos aux battus et aux battans, et s'éloignaient rapidement en se dirigeant vers un point de l'horizon que la mère de l'enfant, qui seule dirigeait la marche, connaissait parfaitement. La nuit commençait à déployer ses ailes sombres et se préparait à en couvrir la terre. Le bruit isolé de quelque fusillade se faisait entendre de loin en loin, et les fugitifs, en se retournant, apercevaient de temps à autre comme un rideau de feu qui dérobait à la vue la ville conquise. On était arrivé dans un endroit écarté, le soldat et sa compagne marchaient à travers les broussailles et par des sentiers foulés, mais déserts. Ce ne fut qu'au bout d'une heure que Millerat s'aperçut enfin de la faute qu'il commettait en s'éloignant de ses camarades, et commença à se repentir de son imprudence. Mon bon cœur, pensait-il, me coûtera l'honneur et la vie. La juive va me conduire aux Arabes, et j'en serai quitte pour perdre la tête : on me décolera comme saint Jean-Baptiste. De toute façon, le pauvre Millerat la perdait bien, en effet, car il ne savait plus ce qu'il faisait. Voulait-il interroger sa compagne... Elle lui répondait : *Ouais... ouais...* C'était tout ce qu'elle savait de français, et son marmot, lui, faisait mieux : il dormait tranquillement sur l'épaule du soldat. Que faire donc ? que résoudre ? disait Millerat ; et pourtant il marchait toujours. Devait-il abandonner sa prisonnière ou continuer de cheminer avec elle? Un moment il s'arrête et se consulte. Il faisait nuit close. La fatigue, la faim, la soif accablaient le voltigeur, et il ne pouvait plus marcher. La juive le tirait toujours par le bras en l'engageant à presser son pas; enfin il fait un effort, et au détour d'un bois, que cachait un gros rocher, il aperçut des feux. Millerat s'en réjouit: il croit que ce sont des Français qu'il va voir... Ah! déception! damnation! ce sont des Arabes qui l'entourent à l'instant; mais, ô surprise!... au lieu de lui faire du mal, l'un lui offre de l'eau-de-vie dans une petite calebasse,; l'autre, du chevreau rôti, des dates, de la galette. La femme, de son côté, se trouve en pays de connaissance. Ces Arabes faisaient partie d'une tribu amie. Des émissaires envoyés à Constantine pour leur soumission, ne devaient pas tarder à revenir. En attendant, Millerat prit part au festin. Il eut une tente, un petit tapis, un burnou que le cheik, ou chef de la tribu, lui présenta. Aussitôt les hommes, les femmes, les enfans se mirent à danser autour de lui, au son de divers instrumens et d'une grosse caisse qui faisait un bruit d'enfer. La juive et son enfant furent bientôt entourés par d'autres femmes juives, qui l'accueillirent bien et prirent soin d'elle. Notre soldat n'en pouvait plus, il était presque mort de fatigue ; il s'étendit sur la terre en disant : Au petit bonheur ! Puis, il se laissa séduire par un doux sommeil, qui le tint captif sous la tente de l'Arabe jusqu'au jour suivant.

La nuit avait opéré divers changemens dans la situation des troupes françaises. A la pointe du jour, le troupier vit arriver au camp arabe un officier et plusieurs soldats accompagnant les envoyés du cheik qui revenaient de Constantine. Millerat en fut quitte pour raconter son histoire et montrer la juive et son enfant à l'officier avec lequel il retourna joindre sa compagnie. Sa bonne action se répandit à l'état-major, on voulut en connaitre les détails. La juive elle-même, qui revint à la ville avec plusieurs de ses parens, confirma, par sa présence et ses paroles, ce que le voltigeur avait dit.

Millerat ne fut pas le seul qui avait fait un peu de bien au milieu du carnage, en épargnant des victimes. Le soldat français est toujours le même : un lion pendant le combat, un agneau après la victoire.

LE CHEVAL COCO.

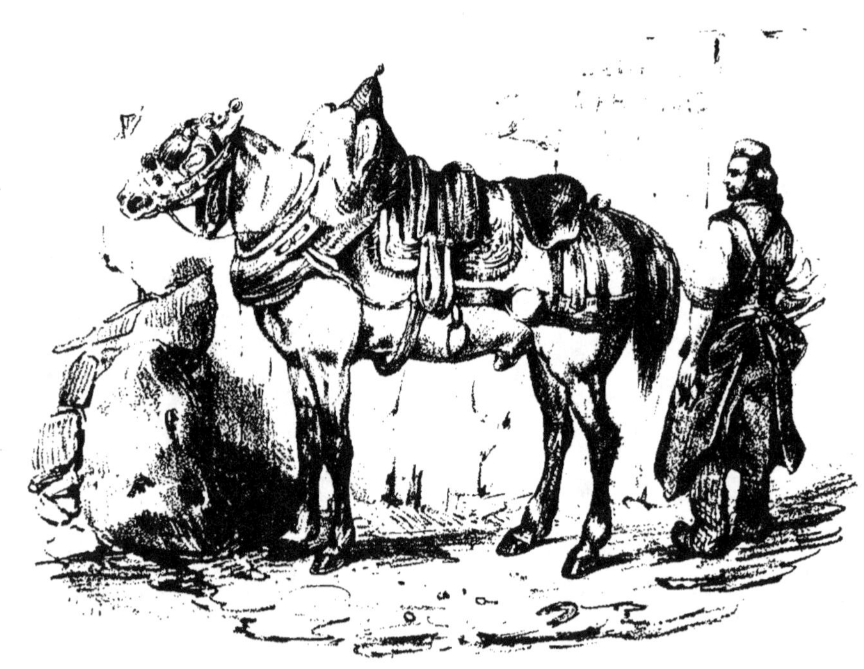

Attends, j'vais te mettre une semelle.

LE CHEVAL COCO.

Faites donc fortune, trois enfans dans un ménage, comme
ça vous fait bouillir le pot! disait un matin une pauvre femme
en donnant à chacun de ses marmots un gros morceau de
pain bis pour leur déjeuner.

Allons, allons, débarrassez-moi le plancher, reprit-elle
après cette mince distribution.

Les trois enfans ne se le firent pas dire deux fois, habitués
qu'ils étaient à ce congé de chaque jour; ils sortirent de la

mauvaise mansarde et se mirent à courir dans la rue, chacun suivant son goût et son caprice.

Madeleine Choquet, cette mère peu sentimentale, était ravaudeuse de son métier, mais rarement une aiguille pouvait lui piquer les doigts, car elle n'aimait pas l'ouvrage, et son mari, porteur d'eau du quartier, avait beau apporter au logis tous les produits de son travail, sans en distraire un sou, ils ne suffisaient pas à entretenir la famille. Que la marmaille allât pieds nus, avec des blouses sales et ne sût pas même lire, madame Choquet n'y tenait pas le moins du monde; mais elle voulait être belle le dimanche; et quand on se pare les jours de repos et qu'on se repose les autres, il est rare, comme on dit, de joindre facilement les deux bouts.

Le porteur d'eau, toujours absent pour les devoirs de sa profession, souffrait de la paresse et du désordre de sa moitié; il déplorait l'abandon dans lequel croissait sa famille, et il était rare que chaque soir, lorsque les enfans étaient couchés et qu'on les croyait endormis, il n'y eût pas quelques bisbilles entre le mari et la femme.

— Avec la manière dont tu élèves les petits, disait souvent

Choquet, tu en feras des vagabons, des vauriens qui feront le malheur de nos vieux jours.

— Tiens, par exemple, qu'est-ce qu'il faudrait donc que je tisse? ne faudrait-il pas que j'aie toujours pendu à mes jupons deux garçons qui me rompent la tête et une fille qui pleurniche toujours? ah! bien oui, je serais joliment heureuse?

— Madeleine, répliquait le brave homme, quand on est mère, il faut savoir l'être; les devoirs sont réciproques, ma femme: soignes leur enfance, donnes-leur de bons principes, de bons exemples et un état, et plus tard tu jouiras de leurs succès; à leur tour ils soigneront ta vieillesse et te rendront le bonheur que tu leur auras donné.

La veille de la matinée où commence cette histoire, les explications avaient été plus vives que de coutume. Madeleine, mal disposée, avait répondu avec aigreur, et les éclats de sa voix criarde avaient éveillé Antoine, le fils aîné, qui, curieux, comme presque tous les enfans, prêta une oreille attentive aux démélés de ses parens. Dans cette scène, le porteur d'eau, animé par les folles réponses de sa compagne, lui reprocha avec chaleur le mal qu'il se donnait et combien peu elle le secondait. Il lui fit un tableau effrayant de ce que deviendraient leurs enfans et elle-même, si Dieu le rappelait à lui. A ces images sinistres, Madeleine, émue un moment, avait versé des pleurs, car elle était bonne au fond, chérissait son mari et ses enfans, et aurait donné sa vie pour racheter la leur; mais elle aimait le repos, l'oisiveté et la parure, et préférait laisser aller les choses à l'abandon plutôt que de se donner un peu de fatigue qui, pour elle, était un mal effrayant. Dans cette circonstance encore, son caractère se montra tout entier : après s'être attendrie à l'idée du malheur de sa famille et de la perte de son époux, après l'avoir embrassé avec tendresse, elle le traita de visionnaire ; ne se portaient-ils pas bien, lui et leurs marmots? n'étaient-ils pas tous gras et frais? eh bien, de quoi devait-elle s'inquiéter ; il fallait bien qu'elle aussi jouit un peu de la vie ; et consolée par ses raisonnemens sans raison, le lendemain elle avait oublié toutes les impressions du soir ; et quand la jeune famille vint lui demander à manger, nous avons vu comme elle avait profité des conseils et des remontrances du père de ses enfans.

Mais si la mère avait oublié la mercuriale, Antoine s'en

souvenait; il était dans sa dixième année, et sa jeune tête, frappée des paroles de son père, fut occupée toute la nuit; aussi le lendemain, quand il vint, avec son frère Jacques et sa sœur Jeannette, recevoir son déjeuner, il était moins gai, moins riant que de coutume; lorsque les enfans se trouvèrent dehors, Antoine s'éloigna d'eux sans rien dire, ses jeunes amis mêmes ne le virent pas de toute la journée : le pauvre garçon se promenait seul, tout seul : il réfléchissait. — Au fait, se disait-il, notre père a raison, que faisons-nous du matin jusqu'au soir? mon frère et ma sœur sont encore bien petits, sans doute, mais moi, moi, j'ai bientôt dix ans; encore autant je serai un homme, et mon père un vieillard; il ne pourra plus travailler, lui, et si l'on n'a rien que par le travail, que fera-t-on chez nous? N'ayant rien appris les uns et les autres, nous ne serons capables de rien faire. — Tout en raisonnant ainsi, il regardait autour de lui : les boutiques, les ateliers étaient ouverts, et partout on s'occuppait : les hommes, les femmes qui passaient à ses côtés semblaient avoir affaire; pour la première fois, il remarqua que ce n'étaient pas des promenades désœuvrées, toutes ces allées et venues qui le heurtaient sans cesse. Oh! oui,

oui, dit le bon petit garçon, je dois travailler aussi, moi ; il le faut, mais comment faire ? un état, un apprentissage, on dit qu'il faut de l'argent pour ça, et d'après ce que j'ai entendu, chez nous, il n'y en a pas beaucoup d'argent. C'est égal, c'est égal, avec de la bonne volonté et de la persévérance, le bon Dieu ne m'abandonnera pas. D'abord, pour un état tout de suite, ça ne se peut pas ; mais il y a des enfans, des hommes mêmes qui gagnent quelque chose en nettoyant les bottes des messieurs, et pour avoir la boutique il ne faut pas grands frais ; ce peu là, je l'amasserai peut-être en me montrant complaisant pour les gens du quartier, au lieu de jouer toute la journée avec des gamins comme moi. — Sa détermination une fois bien arrêtée, Antoine parut plus content que de coutume ; sa gaîté n'était pas bruyante, évaporée ; mais elle se réflétait sur son visage, qui déjà, assez favorisé de la nature, prit une expression plus douce et plus aimable. Dès le jour même, il chercha l'occasion de se rendre utile, et trois gros sous qu'il possédait le soir l'attachèrent à son dessein.

Le porteur d'eau et sa femme ne se doutaient en rien des intentions de leur aîné, et le petit bonhomme allait son train, serrant bien soigneusement son trésor qui, avant deux mois, fut assez considérable pour former son premier établissement. Bien décidé à avoir plus tard un état, mais un état en règle; et ayant jeté ses vues sur la maréchalerie, il alla placer sa boutique auprès d'un maréchal ferrant qui demeurait dans le voisinage. Là, quand la pratique manquait au petit décroteur, il entrait dans l'atelier, causait, riait avec les ouvriers, avec le patron même; il était gentil, doux, honnête; on le voyait assidu à son ouvrage et toujours propre, sans chercher de colifichets; car depuis qu'il gagnait, il se donnait le nécessaire. On s'intéressa à lui; les ouvriers s'amusaient parfois à essayer son adresse, et il se prêtait de grand cœur à leurs plaisirs. Dans quelques circonstances même il montra du courage, de la présence d'esprit près des chevaux rétifs; peu à peu il s'impatronisa chez le maréchal, et il avait déjà passé les premiers degrés d'apprentissage, lorsque le chausseur de chevaux lui dit un jour : Sais-tu, Antoine, que tu me fais l'ouvrage d'un homme? si je te payais, qu'est-ce que tu dirais? — Si vous me payiez, monsieur Lavuis, reprit l'enfant en le regardant avec surprise et les yeux humides de larmes, si vous me payiez! ô vous seriez mon second père ! mon sauveur ! car j'aurais un état alors, je pourrais devenir un honnête homme et le soutien de ma famille ! — Lavuis, touché de ces paroles, embrassa l'enfant, et à partir de ce jour, Antoine Choquet fut ouvrier maréchal. Peu à peu son adresse augmenta et son salaire aussi. Mais ce n'était pas là son but unique ; les deux petits grandissaient pendant que leur aîné se faisait une existence, et cet aîné leur voulait un sort aussi à eux : pour y parvenir, en apprenant à sa famille l'heureux résultat de ses peines, il avait promis de contribuer aux frais que nécessiteraient leur apprentissage. Le bon porteur d'eau, pénétré d'attendrissement à cette heureuse nouvelle, pressa son fils sur son sein ; et, pour commencer, Jacques et Jeannette, n'ayant encore que sept et huit ans, furent envoyés à l'école, afin de les déshabituer des promenades et des camarades de la rue. Antoine ne consentit à leur donner de distraction qu'en sa compagnie ; enfin, il les façonna à son gré, et nous pouvons le dire à celui de son père et même de sa mère ; celle-ci était enchantée de la tournure que prenaient les choses ; elle ne parlait plus que d'Antoine, son fils était son Benjamin. Tant de résolution dans un enfant, lui donna même un peu plus de courage; il est vrai que Madeleine avançait en âge, et sans s'occuper davantage de son état, elle soigna sa famille de façon à ce que chacun s'en trouvât bien. Bref, quand Jacques eût atteint sa quatorzième année, il demanda à être marinier; son frère, qui alors en avait dix-neuf, lui fournit tout ce qui était nécessaire pour entrer honorablement dans ce corps; Jeannette fut mise chez une couturière, où elle apprit avec facilité, en se faisant aimer de sa maîtresse, de sorte que petit à petit le ménage du porteur d'eau devint moins lourd à sa compagne; mais aussi les bras du cher homme étaient moins forts. — Écoute, lui dit un jour sa femme, prends un cheval, tu te fatigueras moins et tu travailleras autant, et moi qui n'ai rien fait à vingt ans, eh bien, je travaillerai à quarante, comme dit le proverbe : Vaut mieux tard que jamais. — Antoine consulté, fut de l'avis de sa mère, et le lendemain un cheval tout harnaché était à la porte du maréchal, pour recevoir les derniers apprêts de sa toilette : Antoine, sa pipe à la bouche et un fer à la main, criait à l'animal hennissant : Attends, j'vais te mettre une semelle. A peine cette opération fût-elle faite, qu'il conduisit Coco au père Choquet,

C'était un cadeau qu'il lui faisait, le fruit de ses économies ; avec quel plaisir il fut reçu, avec quelle reconnaissance il fut embrassé ! — Ah ! pour le coup, Madeleine pleurait en s'écriant : Comment donc as-tu fait, mon garçon, en gagnant encore si peu et nous donnant déjà autant. — Eh ! ma mère, reprit le jeune homme, avec de l'ordre et du travail, est-ce qu'on n'est pas toujours riche !

UNE CUISINE AMBULANTE.

Ce dernier trait, en pénétrant le cœur de la brave femme d'un sentiment de gratitude et d'admiration inexprimables, la décida enfin à se rendre utile à son tour ; comme elle n'aimait pas l'aiguille, et ne se trouvait jamais assez souvent auprès de ses enfans, elle acheta un éventaire, un fourneau et monta une cuisine ambulante.

C'était un drôle de métier, mais on ne peut pas disputer des goûts, et tous les jours, toute la journée fricotant une chose ou une autre, elle allait du port à l'atelier, de l'atelier au port, donnant une saucisse à Jacques en lui disant : *Prends-*

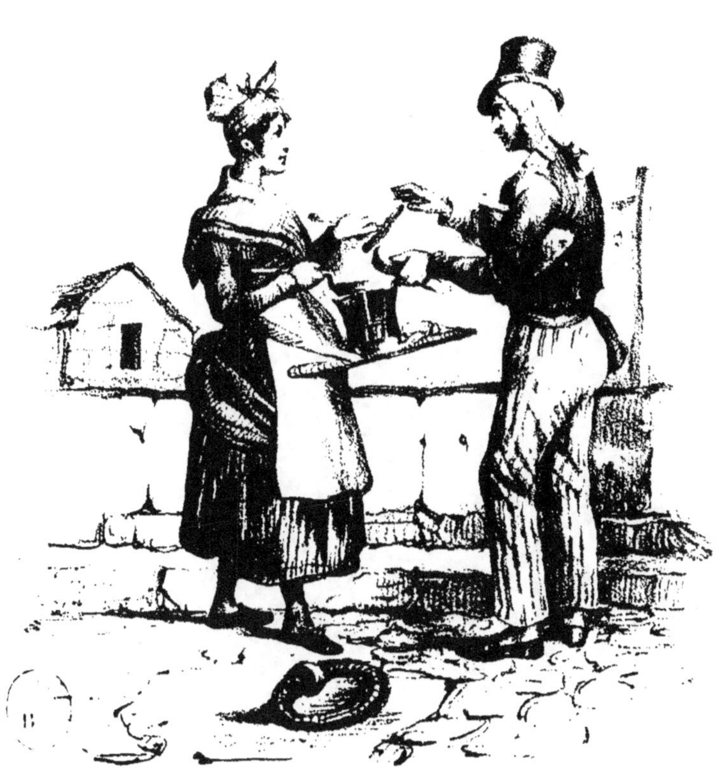

Prends moi ça, c'est tout chaud

moi ça, c'est tout chaud ; puis les camarades accouraient, alors elle leur donnait aussi du chaud et les sous tombaient dans sa poche, et durant son trajet jusqu'à la maréchalerie, c'était la même chose. Enfin, le soir, en servant à souper à toute la famille réunie, elle faisait sa balance, et riait parce qu'il y avait toujours du profit ; puis, attendrie, elle tendait la main à Antoine en s'écriant : C'est cependant le courage et la vertu d'un enfant, qui ont sauvé toute une famille. — Va, ma bonne mère, répondait modestement le jeune homme, il ne faut que vouloir avec sincérité et poursuivre avec persévérance, pour réussir.

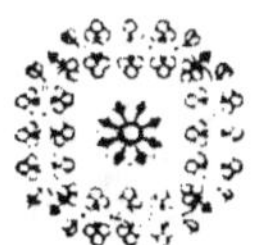

La mode, cette divinité des femmes, divinité folle et capricieuse, occupe aussi parfois la vie entière de quelques hommes qui, par leur asservissement à ses fantaisies multipliées, se donnent pour tous mérites une singularité ridicule et une afféterie qui tient de près à la sottise.

M. Miope, riche notaire de la capitale, était un des esclaves les plus soumis à cette déitée exigeante, et pourtant M. Miope avait vu s'écouler dix lustres et demi; son corps petit et grêle

Mr MIOPE.

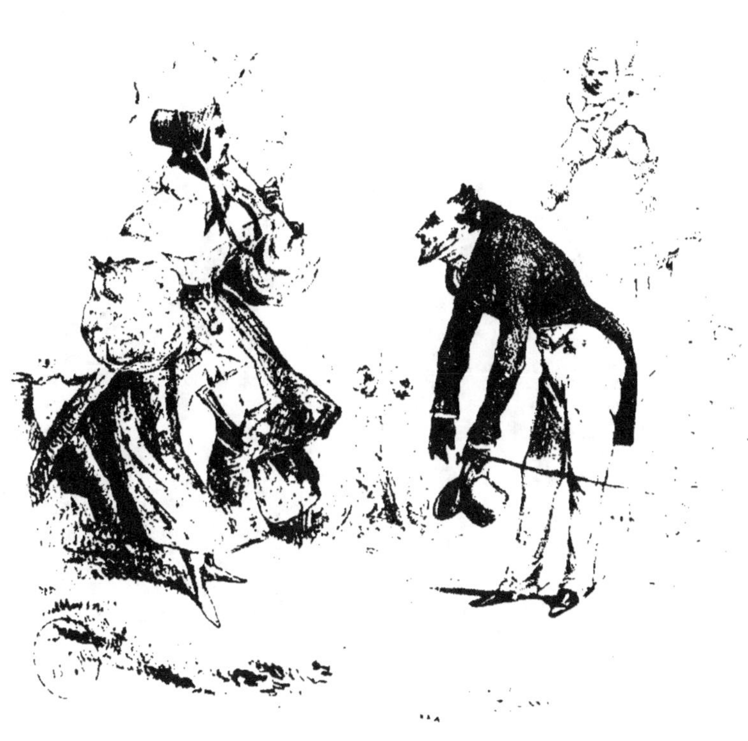

O Madame guardor

tenait presque autant de la forme du singe que de celle de
l'homme, et sa figure même participait beaucoup des deux
espèces. A tous ces avantages physiques, il joignait encore
un esprit très borné et une galanterie extraordinaire ; car
aussi amoureux du beau sexe qu'assuré de son propre mérite,
c'était, comme il le répétait sans cesse, à des sylphides enchan-
teresses qu'il avait consacré sa vie. Aussi, depuis ses jeunes
ans, tour à tour mirliflor, merveilleux, incroyable, il devint
plus tard fashionable, dandy, et ne dédaigna pas même le titre
de *lion*, quand sa crinière panachée aurait dû l'avertir de la
marche du temps. Mais, par malheur, l'élégant avait la vue
très basse, et il ne s'aperçut pas plus des légères et nombreuses dégradations de sa personne, qu'il n'avait soupçonné
le ridicule qui le frappait.

Cependant depuis quelques temps de fréquentes douleurs à
l'orteil gauche lui causaient un peu d'inquiétudes, et il avait
laissé pressentir à ses amis qu'il pourrait bien se fixer un
jour. Même, pour ajouter un nouvel attrait à ceux qui depuis cinquante ans le rendaient irrésistible, il venait de faire
l'acquisition d'une maison de campagne charmante, où il

s'empressa d'inviter tour à tour les familles dont il tenait dans ses cartons les titres de propriétés ; un notaire est toujours notaire, surtout dans le siècle où nous sommes, et parce que M. Miope aspirait au cœur d'une jeune compagne, il ne prétendait pas pour cela se montrer plus généreux que la *mode* ne le permettait : il faut être conséquent en tout.

Nonobstant cette exactitude notariale, l'aimable propriétaire avait fait un lieu de délices de sa maison des champs : le luxe le plus somptueux y était déployé, et son imagination tant soit peu romanesque avait rendu certain bosquet de chèvrefeuilles et de roses, l'objet spécial de ses soins assidus. Dans un de ses rêves poétiques, il s'était figuré devoir rencontrer sa jeune future sous les frais ombrages de ce lieu enchanteur ; aussi, au milieu des touffes variées et des arbustes odoriférans, il avait fait élever une colonne surmontée d'un amour prêt à lancer ses traits ; et, tous les jours, au retour d'une promenade à cheval, exercice obligé d'un *lion*, et souvent ordonné comme hygiène à un goutteux, le charmant cavalier, les éperons aux bottes, la cravache à la main, accourait dans ce bosquet mystérieux, surprendre la beauté qui devait posséder son cœur.

Malheureusement depuis près de deux mois qu'il habitait la campagne, M. Miope avait été trompé dans son attente : le bosquet était solitaire, et, contrarié, le petit homme venait rejoindre la compagnie qui se tenait groupée au salon.

Enfin un matin, comme tous les matins, depuis qu'il veut devoir sa compagne au hasard, notre notaire accourt en fredonnant un air, car il cherche, mais il veut avoir l'air surpris. O bonheur! une femme est là, sans doute brillante de jeunesse et de fraîcheur ; elle lisait, mais troublée par les pas bruyans et les chants du ci-devant jeune homme, elle se lève, et lui, feignant d'être confus d'avoir interrompu cette belle dame, recule avec respect, et s'inclinant de manière à laisser pendre ses deux longs bras jusqu'à terre, il relève la tête vers la jeune beauté en s'écriant : Oh! madame! pardon.—Un homme aimable n'est jamais importun, monsieur, reprend la dame avec un gracieux sourire. — Bref, les complimens s'échangèrent ; la dame était aimable, il ne pouvait douter qu'elle fût jolie, puisque le sort la lui destinait : mais, pour le moment, sa vue basse et l'ombrage formaient un double obstacle à sa conviction; cependant assuré de sa bonne étoile, il n'hésita pas à dévoiler à la belle liseuse le vœu qu'il avait fait; il la pressa avec la grâce dont il était doué de ne pas briser son espoir. Que vous dirai-je, mes lecteurs? la dame sourit encore, mais ses yeux se baissèrent, sa voix devint plus douce, et enfin elle se laissa prendre la main et conduire au salon, où M. Miope, la tête haute, le regard fier, présenta pour sa future compagne, si la famille toutefois daignait y consentir, une dame de quarante huit à cinquante ans, au nez long, au menton pointu, et mère de deux jeunes demoiselles qui s'empressèrent de combler les désirs du notaire en donnant leur consentement. Qu'on juge de l'effroi du galant en reconnaissant sa funeste erreur, qu'on juge de son courroux en entendant les rires qui éclataient de toutes parts, car notre dame était femme d'esprit et elle avait donné l'exemple.

Allons, mon cher monsieur, lui dit-elle, calmez-vous, je résigne mon titre de future, et je vous avoue même qu'il y avait un peu de malice dans mon séjour au bosquet, car ici nous connaissions tous vos intentions.

A ce mot, M. Miope regarda d'un air de reproche les jeunes filles qui l'environnaient : il ne concevait pas comment madame Dingrande seule... et encore pour le mystifier... Indigné il sortit, et le lendemain reprenant sa place au bureau de son cabinet, il se disait en signant les actes : Hé bien, je les attraperai tous, je leur prouverai que je puis être aimé ; je prendrai une jeune fille sans fortune, je ferai son sort, celui de sa famille, et si elle n'a pas d'amour, elle aura du moins de la reconnaissance : l'amour passe et la reconnaissance s'accroit encore de l'amitié.

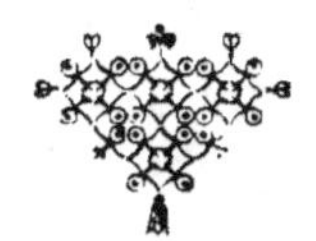

LA VALEUR.

Jacques Nicloux, enfant de troupe, était, à dix ans, tambour au 5ᵉ d'infanterie légère : espiègle comme un page, il avait déjà la bravoure d'un soldat ; les jours de batailles étaient pour lui des jours de fête : éveillé le premier, il battait le rappel, appelant chaque camarade par son nom, et pendant l'action, inébranlable à sa place , il ne la quittait qu'après le dernier combattant ; aussi, toutes les vieilles moustaches l'aimaient comme leur fils : ses fautes d'enfant étaient excusées, cachées par les

LA VALEUR.

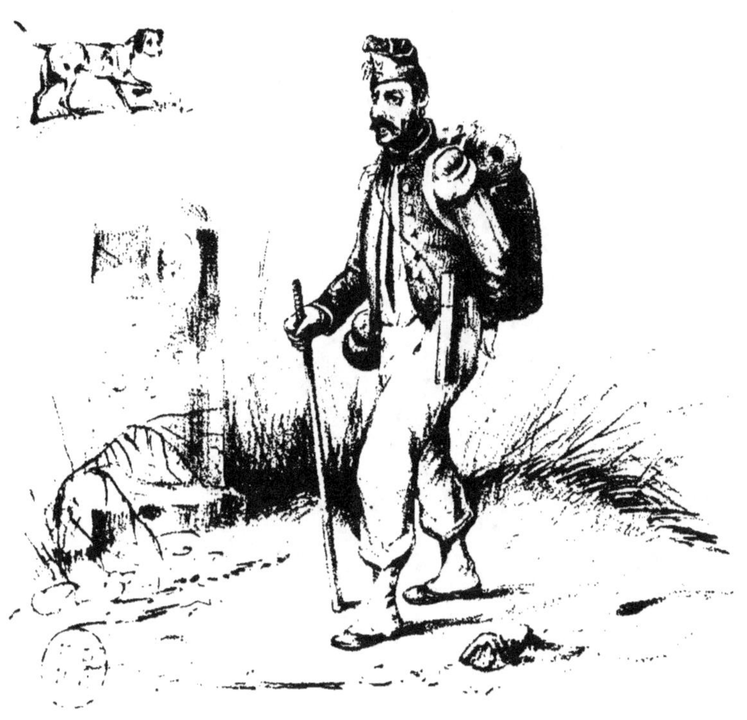

plus exacts au service. Quand il eut atteint l'âge, ils le firent entrer dans leurs rangs, où son intrépide courage lui mérita le nom de *La Valeur*, nom que pendant vingt ans il promena tour à tour du nord au midi et du midi au nord, et que confirmèrent plus de dix blessures reçues dans des actions d'éclat. Son avancement n'avait pas été rapide cependant, mais La Valeur ne savait ni lire ni écrire, d'ailleurs, il se trouvait heureux au milieu de ses vieux camarades, et il crut avoir reçu toutes les récompenses dues à ses services, quand un jour, sur le champ de bataille, Napoléon, détachant la croix qui ornait sa boutonnière, en décora la poitrine du brave. — Eh bien ! s'écriait-il alors avec enthousiasme, qu'est-ce que je puis ambitionner à présent ? Qu'est-ce qu'il peut me donner qui vaille ce ruban qui reposait sur sa poitrine ! — Avec un tel amour pour l'Empereur, on peut juger combien 1814 fut douloureux au cœur de ce digne soldat. Toutes ses affections étaient froissées à la fois dans ces jours néfastes, et la patrie, et l'armée et son chef aussi. Le pauvre soldat pleura, mais il pleura comme un enfant, et dit adieu à ces drapeaux qui désormais ne devaient plus le conduire à la gloire. Possesseur d'une petite somme, il se retira dans un village, se résigna à vivre en citoyen paisible, et confia à une jeune compagne des jours que la guerre ne réclamait plus.

Cependant, un an après, il accourut encore : c'était 1815. Il vint en peu de jours ressaisir et perdre toutes ses espérances, conquérir de nouveaux lauriers et pleurer de nouveaux revers.

C'était fini, fini à jamais ; il fallait oublier le passé, et encore cette fois l'hymen et l'amour paternel essuyèrent ses larmes, car il était père, et en quelques années il le devint d'une nombreuse famille ; sa compagne était sage, économe ; et le soldat, aussi dur au travail, qu'il avait été intrépide au combat, tout prospéra selon ses vœux. Cependant si Jacques Nicloux était tous les jours un ouvrier infatigable, l'ancien troupier *La Valeur* n'avait pas complètement disparu. Comme le vieux militaire de notre illustre chansonnier, lui aussi gardait avec soin son bagage de guerre, auquel quelquefois il faisait voir le jour ; mais c'était à des époques fixes : à chaque aniversaire de nos grandes batailles, de nos triomphes : vous voyez que c'était encore assez souvent ; puis, lorsque ces précieuses reliques étaient sorties de l'armoire qui les cachait aux yeux profanes, il assemblait sa famille, et là, rappelant ses souvenirs, il parlait de l'Empereur, de l'armée, contait les faits d'armes dont il avait été témoin, excitait dans les cœurs de ses enfans l'amour de la patrie : il était rare, bien rare, que ces récits se terminassent sans qu'une larme vint humecter sa paupière ; car, alors le soldat, le Français, regrettait ces temps de gloire, et l'ami, le vieux compagnon, donnait un souvenir aux braves camarades qui étaient morts à ses côtés.

De longues années s'écoulèrent ainsi : ses enfans grandirent et devinrent des hommes ; *La Valeur* fut grand-père, mais alors il n'avait plus sa fidèle compagne. Pour oublier cette nouvelle douleur, le brave Nicloux s'était réuni à sa famille en appelant tous ses enfans autour de lui ; papa gâteau des petits, il était le conseiller, le protecteur des grands. Possesseur d'une petite fortune, c'était à qui de tous ces êtres qui l'environnaient et lui devaient à la fois la paix et le bonheur, lui causerait une surprise, une joie et embellirait ses vieux jours.

Malheureusement il est des personnes chez lesquelles l'âge semble évoquer les anciens souvenirs : le travail, l'activité, avaient affaibli ceux du soldat ; le repos et l'inaction les ravivèrent. Les regrets du passé devinrent plus cuisans, le nom de Napoléon revenait souvent dans ses discours ; puis, Marengo, Austerlitz, Iéna, etc.. étaient rappelés plusieurs fois en un jour : venait ensuite Smolensk, la Moscowa, Leipzik ; alors la figure du vieillard prenait une expression de tristesse, et bas, tout bas, il ajoutait : Waterloo et Sainte-Hélène. Dans ce moment il n'entendait plus personne, le tableau de nos désastres venait de se dérouler devant lui, il assistait encore à ces jours de douleurs.

Cependant, depuis la guerre d'Alger, il lisait tous les jours les journaux, applaudissait au courage de nos jeunes soldats, et souriait à leurs triomphes.

Un matin, comme de coutume, on lui remet la feuille, il y a peu de temps de cela, il la parcourt : un cri s'échappe de sa poitrine, des larmes coulent de ses yeux : — Enfans ! enfans ! s'écrie-t-il, accourez tous. Voyez, lisez... ses cendres ! ses cendres !... elles vont nous être rendues, elles reposeront où s'achève la vie de ses vieux soldats ! ô mon Dieu ! je te rends grâces ! — Tout le jour le brave homme ne put quitter ce journal précieux : il ne parla pas d'autre chose ; il semblait avoir retrouvé sa jeunesse, tant son exaltation était grande, et le mois qui suivit, il était toujours par voie et par chemin, paraissant l'homme le plus affairé du monde. Puis, un matin, ainsi qu'à l'ordinaire, la famille entra dans sa chambre ; il n'y était pas : où pouvait-il être de si bonne heure ? D'ailleurs ses habits, tous ses effets étaient là ; seulement, l'armoire secrète était ouverte et tout en était enlevé, jusqu'au portrait d'un petit chien qui l'avait suivi dans ses guerres. A cette vue, l'inquiétude se peint rapidement sur tous les visages, on se regarde, un cri unanime se fait entendre : Cherchons ! Aussitôt, l'un court d'un côté, l'autre de l'autre ; les femmes, les enfans, tout est en mouvement, tous appellent leur père en battant la campagne. Enfin, l'aîné, mieux inspiré que les autres, suit la route de Paris. A environ un quart de lieue, il aperçoit un vieux soldat qui, le bonnet de police sur l'oreille, le sac au dos, un bâton à la main, en costume léger d'ailleurs, c'est l'été, marche tranquillement devant lui.—Si c'était mon père, se dit le jeune homme ; et suivant cette idée, il l'appelle ; le soldat s'arrête. C'est bien cela.—Eh ! mon Dieu ! où allez-vous ? lui crie alors le fils inquiet. — Je vais aux Invalides, répond le vétéran avec calme. — Aux Invalides ! à pieds, deux cent quarante lieues à faire ! — J'en ai fait bien d'autres, reprend *La Valeur*, et ce n'était pas pour prier près de sa tombe ! ce n'était pas pour vivre près de lui.

— Et vous nous fuyez sans rien dire !...

— Écoute, garçon, interrompt le vieillard, tous, vous n'auriez pas voulu ; vous auriez pleuré pour me quitter, moi aussi, peut-être, et c'est de la faiblesse ; car, maintenant, vois-tu, c'est dans ma tête et dans mon cœur ; il faut que je meure là où il sera. Le notaire le sait, je lui ai dit ; j'ai fait ce que je voulais faire ; il te contera ça, et sur ce, embrasse ton père pour toi et pour les tiens, et adieu. — Toutes les prières, toutes les suppliques du jeune homme furent inutiles, rien ne put changer les idées du vieillard. — Je finirai comme j'ai commencé, disait-il, et il sera là, comme à mes premières armes. — Il partit, et quinze jours après sa famille reçut la nouvelle de son admission à l'Hôtel de la Vétérance.

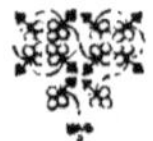

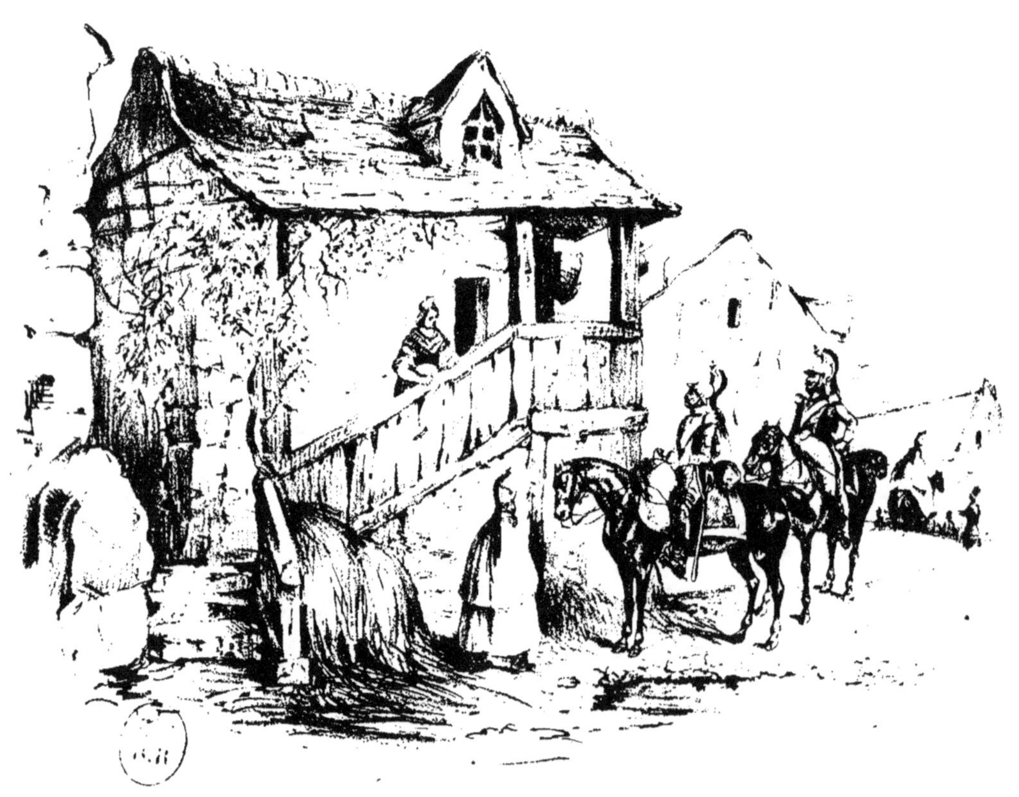

Y-a-t il encore loin d ici Saumur.

Un régiment de dragons était depuis quelque temps en garnison à Tours, lorsque le colonel reçut du gouvernement l'ordre de faire escorter un convoi destiné à l'école de cavalerie de Saumur. Aussitôt il nomme une dizaine de soldats pour cette expédition, tous jeunes gens des plus nouveaux au corps. Le choix n'eût pas été bien fait si la mission eût été importante ; mais, de Tours à Saumur, que pouvait-il y avoir à craindre ? Cette escorte était plutôt une précaution qu'une nécessité. Bref, l'ordre donné, le convoi se mit en marche. Midi venait de sonner à l'Hôtel de la Préfecture; on était à la fin de l'automne; encore quelques beaux jours et les frimas allaient remplacer les dernières feuilles qui se balançaient aux arbres. Quelques vieux soldats, placés à un cabaret voisin, sourirent en voyant passer cette garde imberbe, et l'un d'eux, plus plaisant ou plus caustique que les autres, paria que si deux camarades voulaient s'adjoindre à lui, il mettrait toute l'escorte en déroute et s'emparerait du convoi. Aussitôt, plusieurs se levèrent pour le seconder; mais les paris contraires ne se firent pas attendre. Il fallait alors entreprendre l'aventure, et c'était là la difficulté; car non seulement une permission était nécessaire pour s'absenter, mais encore quels risques ne courait-on pas; non pas risque de la vie, ceux qui parlaient avaient fait leurs preuves, mais la salle de police, pour le moins, devait recevoir ou vainqueurs ou vaincus. Il est vrai qu'il est des têtes qui, déjà frappées, s'échauffent par degré et calculent peu les chances; le provocateur était de ce caractère. Animé par les contradictions, son amour-propre mis en jeu, il marcha droit à son but; cependant un seul

persista à l'accompagner. Les observations des camarades firent
réfléchir les autres. Pour faciliter leur expédition, ils se procu-
rèrent de larges capotes de bourgeois pour couvrir l'uniforme
et sortirent de Tours en courant, afin de pouvoir rejoindre et
dépasser le convoi qu'ils voulaient attaquer en face. En effet,
s'écartant un peu des bords de la Loire, ils passèrent devant
sans être vus, et, gagnant de l'avance, ils allaient retourner,
quand une petite chaumière rustique s'offrit à leur vue : ils
étaient tout essoufflés de leur course de plus de dix lieues;
malgré la saison déjà fraiche, la sueur les innondait; ils se
regardèrent, et tous deux ensemble se prirent à dire : Si nous
nous rafraichissions avant la bataille, nous aurons encore le
temps de les joindre. Ce qui fut dit fut fait. La maitresse du
logis, sans avoir précisément une auberge ou un cabaret, donnait quelquefois à boire aux voyageurs, et elle servit une bouteille de bon vin aux deux soldats; oui, du bon vin, car, après
la première bouteille, on en donna une seconde, à laquelle
succédèrent quelques autres, et les deux pourchasseurs, cé-
dant à la fatigue et à l'effet de la liqueur traitresse, s'endormi-
rent profondément. A peine commençaient-ils à s'abandonner

aux douceurs du repos, que l'hôtesse, appelée du dehors, courut sur le petit balcon où aboutissait l'escalier : *Y a-t-il encore loin d'ici Saumur?* lui demandèrent deux ou trois dragons arrêtés devant la maisonnette. — Environ six lieues, reprit la femme. — C'est tout au plus l'affaire de deux heures, dirent les dragons : nous pouvons nous raffraîchir. — Et descendant de cheval, ils montèrent et demandèrent du vin, mais étendu d'eau, ajoutèrent-ils : nous sommes en fonction il faut conserver sa tête saine. — Alors, vous ne ferez pas comme ces messieurs, reprit la maîtresse en leur montrant les deux hommes endormis.

— Parbleu! je ne me trompe pas, s'écria un des soldats en examinant les dormeurs, ce sont des camarades! Que diable font-ils ici? Et cette capote, dit un autre. Il y a du louche, ajouta un troisième; il faut les réveiller et les remettre en route, ça peut leur épargner une punition. — Aussitôt les trois jeunes gens, bien loin de se douter des projets de leurs nouveaux protégés, se mirent en devoir de les arracher au sommeil. Mais l'idée qui les occupait les avait poursuivis dans leurs rêves, et lorsqu'entr'ouvrant la paupière, ils reconnurent l'uniforme, ils se crurent vaincus par l'escorte, et le nom de blanc-bec, accompagné d'autres expressions moins respectueuses encore, salua les jeunes dragons qui, ne comprenant rien à cette réception, en demandèrent l'explication. On sait que le vin rend bavard ; aussi, quand nos hommes furent mieux éveillés, ils ne tardèrent pas à satisfaire leurs camarades en dévoilant leur dessein et le peu de cas qu'ils faisaient de leur mérite militaire.

A ces paroles, quelques uns des dragons allaient se fâcher, car les trois premiers venaient d'être rejoints par le reste du détachement ; mais le sous-officier qui commandait arrêta ce premier mouvement, et s'adressant aux vieilles moustaches : — Depuis quand de vieux soldats français doutent-ils du courage de leurs fils ? dit-il ; tout autant que nous sommes ici, nous offrons de vous en convaincre ; mais demain, seul à seul, corps à corps, et sans vous exposer à commettre un délit : car si vous aviez pris le temps d'y songer et de rappeler vos souvenirs, vous sauriez qu'à tous les âges le soldat français est à la fois brave et généreux. — Des applaudissemens unanimes couvrirent ces paroles, et les anciens, rappelés à l'honneur et à leurs jeunes années, se levèrent spontanément, et malgré la flexibilité de leurs jambes, tendirent la main au commandant en s'écriant à leur tour : — Tu es un brave, toi ; tu as raison, nous sommes tous Français, et vive les Français depuis quinze ans jusqu'à quatre-vingts ! ce sont des bons. Quant à nous battre demain, non ; toutes réflexions faites, tu l'as dit, un père ne tue pas son fils, un frère ne tue pas son frère. — Bien, camarades, reprit le commandant en leur tendant aussi la main, gardons notre sang pour la patrie !

Après cela, deux des jeunes dragons reconduisirent les vieux camarades à la caserne, et les autres poursuivirent leur route vers Saumur, où le convoi arriva en parfait état.

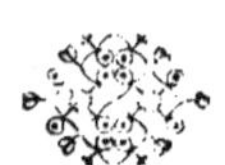

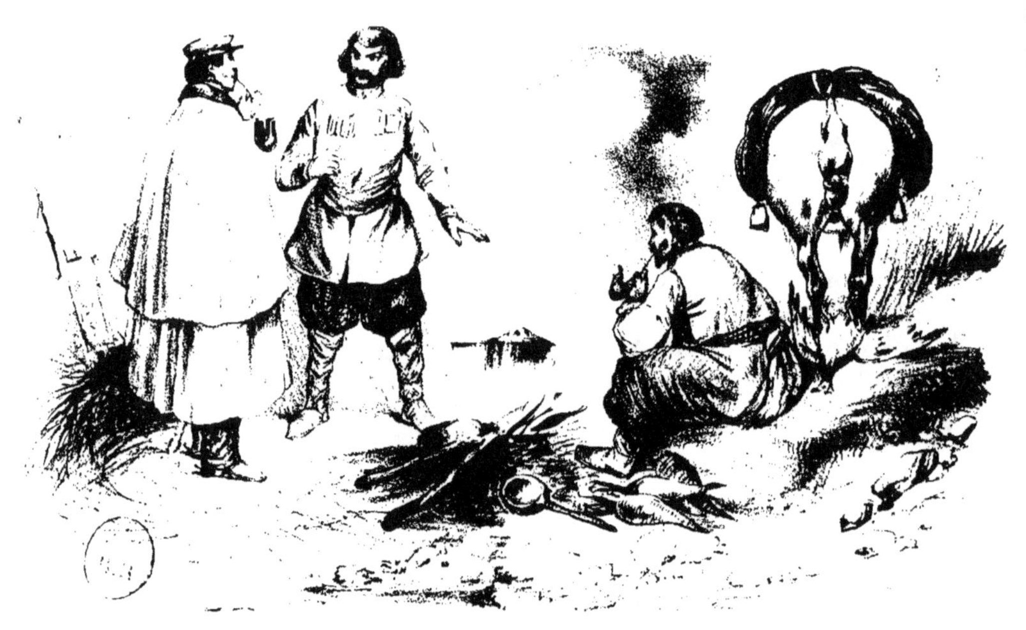

J' té tis, qu'l'i soupe est faite.

En 1814, de triste mémoire, on voyait partout dans les campagnes environnant Paris, des bivouacs, les uns de Cosaques, les autres d'Autrichiens, ceux-ci d'Anglais, ceux-là de Prussiens ; car, Dieu, pour nos péchés, nous a fait contempler à loisir les divers uniformes de toutes les armées de l'Europe. Pauvre France ! Passons vite et sans nous appesantir sur cet affreux souvenir. En somme, un de ces bivouacs était planté plus haut que Belleville, sur la lisière du bois de Romainville ; c'était

autant que je puis me souvenir, des Allemands qui campaient
là. Fidèles aux principes de la guerre, ces braves gens n'aimaient pas à dégarnir leurs bourses pour restaurer leurs esto-
macs, et, à tour de rôle, ils étaient chargés d'aller en maraude
pour approvisionner l'office, en sorte qu'à chaque paysan
d'alentour, tantôt il manquait une poule, tantôt une nichée
d'œufs, et parfois même un mouton ou un porc. Mais comme
on n'avait jamais pu saisir les voleurs en flagrant délit, il fallait se taire et souffrir son mal en patience, tout convaincu
que l'on fût que c'était ces messieurs du bivouac qui s'entretenaient à peu de frais. Cependant chacun, éveillé par ces lar-
cins successifs, se tint mieux sur ses gardes, et la marmite
allemande commençait à être moins bien fournie, lorsqu'un
jour un des maraudeurs, envoyé en course, trouva toutes les
portes exactement closes, et se promena inutilement plus de
quatre heures sans pouvoir saisir seulement un poulet. Fatigué de ses recherches vaines, et de la plus mauvaise humeur du monde, il alluma sa pipe, et revint tout penaud raconter sa déconvenue. — Tu n'es qu'un pête, lui dit un de ses
camarades, l'paysan il a encore récalé auchourd'hui. — Ia, ia,

répondit l'arrivant, avec li pain d'munition. — *J' te dis qu'li
soupe est faite*, reprit l'autre avec impatience en lui montrant
la marmite qui bouillait sur le feu ; et c'est Chipdobe qui a eu
ça. Tiens, fois, poulet, champon, rien n'y manque ; et encore
peaucoup pour dimain.

Chipdobe, tranquillement assis à fumer sa pipe, souriait
en entendant vanter son adresse, et quand le camarade eut
fini l'énumération des provisions, il l'engagea, ainsi que le
maladroit pourvoyeur, à commencer le repas. Ce jour-là, ils
n'étaient que trois au bivouac ; ils s'assirent donc côte à côte,
et la marmite fut enlevée du feu.

Mais à peine mettaient-ils les cuillers à la gamelle, que trois
énormes chiens dogues s'élancèrent sur leurs épaules, les
renversèrent tous trois sur la marmite bouillante qui roula sur
la terre en les inondant, pendant qu'un quatrième s'emparait
des plus beaux coqs qui gisaient sur la paille. Qu'on juge de
la colère de nos Allemands, de leur désappointement. Brûlés
et à jeun, ils se relevèrent furieux, et voulurent courir après
les animaux interrupteurs ; mais, outre que quatre pates vont
plus vite que deux, le trouble dans lequel ils étaient les empê-

cha de s'apercevoir que les éperons de l'un d'eux étaient accrochés à la marmite, et l'humble ustensile enlevé avec rapidité, fut se briser sur le dos d'un camarade en l'arrosant des restes du bouillon, pendant que le triste auteur de ce nouvel accident tombait la face contre terre... Pour le coup, la rage était à son comble : tant d'événemens, de malheurs pour de maudits chiens ! Nos trois alliés suffoquaient, ils écumaient, et jurèrent de se venger sur tout le village, car les chiens étaient bien loin. En attendant la vengeance, et malgré le courroux, pour ce jour-là, la prédiction du premier maraudeur se vérifia : — Le paysan y récalait di pain de munition.

Le lendemain, le bivouac n'était plus là ; on dit que les menaces furent entendues, et qu'un officier prudent le fit transporter dans un pays plus neuf et mieux approvisionné ; mais on ajoute aussi que Chipdobe, en entrant dans le nouveau village, s'informa avec sollicitude s'il y avait beaucoup de gros chiens, et qu'il s'écriait avec un reste de colère : C'est que si y en afait, on pourait chamais tire li soupe est faite.

MARÉCHAL FERRANT.

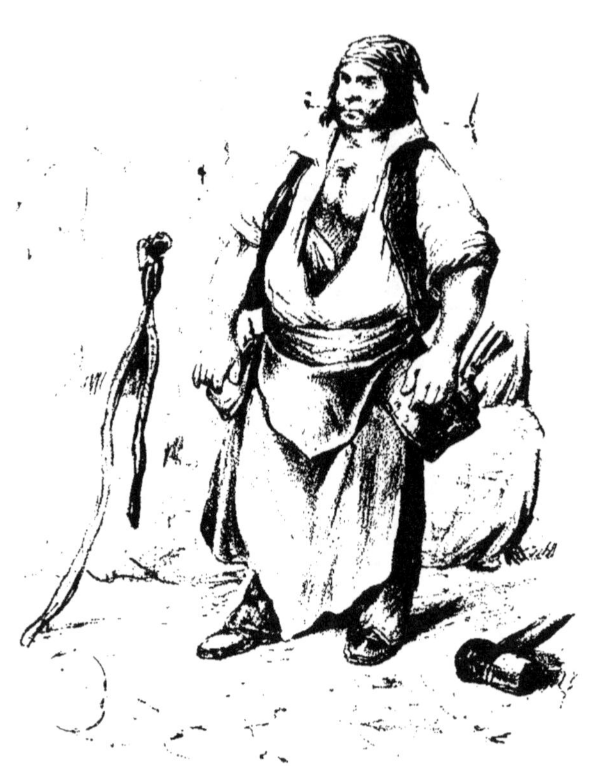

Frappons le fer quand il est chaud.

Vous n'avez pas connu le maréchal ferrant du coin de la rue de Charonne et de la rue de la Roquette? c'était un homme trapu, aux membres nerveux, à la poitrine large; ses cheveux noirs et crépus s'unissaient à d'énormes favoris de la même couleur pour encadrer une figure au teint bruni, aux traits fortement prononcés. Il n'avait pas son pareil pour maîtriser un cheval : les plus rétifs devenaient doux dans ses larges mains. Ouvrier infatigable, il exigeait l'exactitude et le travail de ceux qu'il employait. Quand un ouvrier lambinait :—Allons, allons, à l'ouvrage, lui disait-il, qu'est-ce que tu fais là? penses-tu que ce soit en regardant voler les mouches que **tu amasseras** quelque chose pour tes vieux jours? Morbleu! faut travailler dans la jeunesse, *frappons le fer quand il est chaud.* — Lorsqu'en véritable maréchal , il avait lancé ce proverbe, c'était fini, tout était dit; aussi, il le répétait à chaque chose dont on lui parlait. Mais s'il était infatigable travailleur, il était aussi rude buveur. Tous les soirs (il faut lui rendre justice, il ne quittait point son ouvrage pour aller boire), il se réunissait à quelques voisins, braves gens comme lui, qui fréquentaient un cabaret en vogue; là, il buvait et buvait ferme, et toujours sans perdre la raison , avantage auquel il attachait un grand prix. Malgré cet ordre dans la conduite et l'argent qu'il avait amassé, il n'avait pas voulu se marier ; depuis nombre d'années ses amis l'en pressaient en lui répétant son proverbe favori : — Faut battre le fer quand il est chaud. Lorsque tu seras vieux, on ne voudra plus de toi, lui disait-on, et quelque fort que l'on soit, les infirmités arrivent; il est toujours un moment où l'on appelle les soins d'une compagne ; vient un jour où l'on regrette de ne pas se voir renaître dans une jeune famille qu'on a rendu bonne par sa bonté, qu'on a fait sage et laborieuse par l'exemple de sa sagesse et de son activité. — A ces raisonnemens, il répondait : — Bah! et vous ne comptez pas les humeurs et la coquetterie de ma femme : allez, allez, l'indépendance est bonne ; au moins, quand j'ai mâté mes chevaux, je n'ai plus à gronder personne, et tout va bien à la maison. Cependant la cinquantaine était près de sonner pour le maréchal, et il ne tenait plus tout-à-fait le même langage, tous les enfans de ses compagnons qui grandissaient autour de lui, commençaient à lui faire naître le désir d'être père à son tour. Ce sentiment nouveau, il n'osait pas l'exprimer, on lui avait tant dit qu'il viendrait un moment où il l'éprouverait ; peu à peu il le sentait si puissant, que, sans en parler à personne, il se mit en quête d'une femme selon son goût, car il ne faut pas croire qu'on plaisait facilement à M. le maréchal : — Primo, d'abord et d'un, disait-il quand il se parlait tout seul dans sa chambre, habitude qui lui était assez familière ; primo, d'abord et d'un, pour faire tant que de prendre une femme, je la veux jeune, parce qu'une jeune fille, ça rit, et qu'une vieille femme, ça grogne ; deuxième point, pied mignon et jambe fine, c'est de rigueur ; tertio, le caractère... ah ! c'est là le difficile.

Cependant, à force d'étudier toutes les jeunes filles qu'il voyait, il finit par jeter son dévolu sur une d'elles et, soit dit en passant, ce n'était pas la moins agréable ; mais ce n'était pas assez d'avoir fait son choix, il fallait convenir à son tour. Le maréchal, se rendant justice, hésitait à faire sa proposition, quoiqu'il se fût bien assuré que la famille n'avait encore aucun autre projet. Cependant, depuis qu'il avait fixé ses vues, il semblait moins avide de boire et visitait plus souvent la maison de la jeune personne ; toujours franc et brusque, il avait pourtant cru remarquer qu'on ne le voyait pas avec déplaisir, et un jour, après son travail, il s'arma de son grand courage, répétant son discours : Battons le fer quand il est chaud. Le voilà déposant son marteau, son tablier, et faisant un brin de toilette pour aller faire sa proposition au père de la future. — Hélas ! lui dit celui-ci en souriant, tu viens bien tard, mon camarade, *faut battre le fer quand il est chaud* ; il y a vingt ans qu'il fallait adresser tes vœux à ma sœur... Enfin, j' vas appeler ma fille, et nous verrons...—Mais la jeune personne ne sourit pas comme son père ; elle jeta, au contraire, sur lui des yeux qui voulaient dire : Il faut des époux assortis ; c'était sa chanson favorite. — Allons, allons, dit-il, je vois qu'il est trop tard ; mais nous n'en serons pas plus mauvais amis pour ça ; et prenant les doigts de la jeune fille dans ses deux grosses mains, et avec un sentiment dont on ne le croyait pas susceptible : Oui, oui, dit-il, votre père a raison, et vous aussi... Faut des époux assortis.—Le lendemain, encore occupé des désirs qu'il avait formés, du refus de Marguerite, de ses qualités, et de l'attachement sincère qu'il avait pour elle, il était, ses outils dans les mains, sa pipe à la bouche, planté droit comme un piquet, absorbé dans ses réflexions... il disait : Si je m'étais marié quand j'étais jeune, j'aurais peut-être une fille comme ça. Ah! ils ont raison.— En ce moment, un ouvrier l'appelait, la barre de fer était rouge ; il rit de l'à-propos, et répéta encore en allant à la forge : Frappons le fer quand il est chaud

Un paysan, assez aisé, nommé Caprot, des environs de Meaux,
était veuf depuis quelques temps. Dans les commencemens de
son mariage, sa femme, jeune et bonne, ayant contracté dans
sa première jeunesse des sentimens de reconnaissance envers
la famille d'une petite fille qui venait de perdre ses parens, lui
proposa de prendre avec eux cette enfant, et de l'élever comme
la leur.

JEANNETTE.

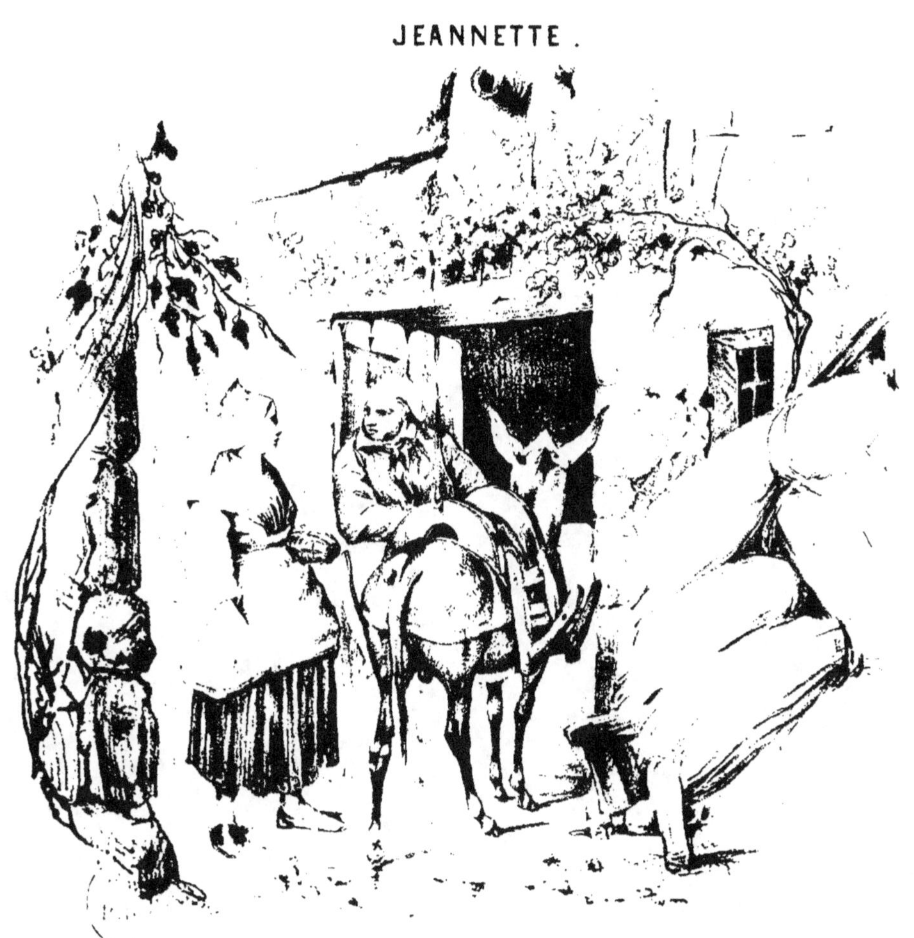

Et pourquoi que vous ... renvoyez

Le paysan, assez bon homme de sa nature, consentit à l'admission de la petite fille, qui fut d'autant plus heureuse avec eux, que le ciel n'exauçant pas leurs prières, ils n'eurent pas d'enfans à eux, et déversèrent toute leur affection sur la petite Jeannette, qu'ils avaient l'intention d'adopter. Malheureusement la femme Caprot mourut, et Jeannette n'avait encore que dix-neuf ans. Pour remplacer la ménagère, qui laissait un grand vide au logis, Caprot fut obligé de prendre à gage une autre femme pour avoir soin de l'intérieur, pendant qu'il serait occupé aux champs et que Jeannette irait vendre à la ville, fonctions autrefois remplies par sa bienfaitrice, et que le mari ne voulait maintenant confier qu'à elle seule ; car, tout paysan est défiant, plus ou moins, et celui-ci ne comptait que sur la jeune fille à laquelle il n'avait jamais eu un reproche à faire, excepté peut-être sur sa brusquerie. Jannette ne savait pas se maitriser ; c'était une véritable enfant des champs, bonne, simple, réjouie, ne gardant pas rancune à qui la blessait par un mauvais procédé, mais ne cachant pas non plus sa pensée en bien ou en mal. Par malheur, la femme qui allait faire l'ouvrage à la maison n'avait pas le même caractère : déjà un peu sur le retour, mademoiselle Marie, dont le regard était doux, les manières affables et les paroles mielleuses, avait le cœur ulcéré de sa position de célibataire, en sorte qu'elle ne pouvait pas se défendre d'un sentiment de jalousie quand elle voyait une jeune fille, une jeune mère et surtout une jeune mariée. Lorsqu'on est jaloux et qu'on n'est pas bien bon, il est difficile de ne pas chercher à nuire aux objets de cette jalousie, aussi la vieille fille ne s'en faisait pas faute. Cependant, du moment où elle était entrée dans la maison de Caprot, elle s'était mis en tête de changer son titre de demoiselle contre celui de femme. Sa position était favorable : toute la journée au logis, elle pouvait avoir pour le brave paysan nombre de ces petits soins, de ces petites attentions auxquels un homme est si sensible dans les commencemens, et finit par s'y habituer si bien qu'ils lui deviennent indispensables par la suite. Mais une chose la gênait dans ses arrangemens : c'était la présence de Jeannette. Caprot l'aimait, Caprot la regardait comme sa fille, et cette affection pouvait faire du tort à une autre ; qui dit même que la jeune fille ne s'apercevait pas de ses projets, et qu'elle ne parviendrait pas à les déjouer : n'a-t-elle pas intérêt à ce que son père adoptif

reste veuf? c'est le seul moyen de conserver pour elle la fortune dont il jouit. Bref, mademoiselle Marie jugea prudent
d'affaiblir peu à peu l'affection qu'elle redoutait, et enfin d'é-
vincer Jeannette, s'il était possible. En effet, la pauvre Jeannette, constamment absente, ne pouvait s'opposer au manége
de son ennemie; cependant, il était visible pour elle que, par
degré, cette femme s'emparait de l'esprit de son bienfaiteur.
Il n'était pas encore changé pour la jeune fille, elle-même
eût aimé Marie, si les choses en fussent restées à ce point ;
mais peu à peu elles prirent une autre face : d'abord, Caprot
se montra plus froid avec sa fille adoptive; puis enfin il devint
dur. A son avis, Jeannette ne faisait plus rien de bien ; elle revenait trop tard de la ville; ces absences-là n'étaient pas natu-
relles. La pauvre enfant, qui ne concevait pas d'où provenait
ce changement extraordinaire, laissa paraitre sa douleur; des
voisins, anciens amis de Caprot, amis qui, depuis quelque
temps ne trouvaient plus la même humeur au paysan circon-
venu, ayant plus d'expérience que Jeannette, jugèrent d'où
venait le coup qui la frappait et l'en avertirent. Jeannette ne
pouvait le croire, elle consulta ailleurs, partout la même opi-

nion. Avec le caractère que nous lui connaissons, il est facile d'imaginer qu'elle ne garda pas cela sur le cœur : elle alla trouver la vieille fille, lui fit des reproches, une vive explication s'en suivit; presque certaine de réussir, Marie se montra insolente, et enfin, que vous dirai-je, Marie reçut un soufflet... Pauvre Jeannette! qu'as-tu fait! Cette scène fut aussitôt dénaturée, rapportée à Caprot; celui-ci, furieux, courut après Jeannette. En allant à l'écurie il la vit dehors qui chargeait son âne pour aller à la ville. Aussitôt Caprot ouvrit une lucarne qui donnait du côté où elle était, et là, dans les termes les plus durs, il la chassa de chez lui. — Et pourquoi que vous me renvoyez? lui demanda doucement la jeune fille. — Malheureuse! s'écria le paysan, tu as battu Marie parce qu'elle m'a éclairé sur ta conduite, parce que tu aurais voulu lui en soustraire les preuves, et que fidèle et attachée...— Oui, dit Jeannette en le regardant avec assurance et modestie, j'ai châtié son insolence, je sais que je la gêne dans ses projets, et que c'est pour ça qu'elle me noircit à vos yeux ; mais elle a eu doublement tort, ajouta-t-elle en s'attendrissant, car si je savais qu'elle pût faire votre bonheur et que ma présence y nuisit, de moi-même je vous dirais adieu pour toujours, dussé-je être bien malheureuse loin de vous. — Le vieillard surpris de ce langage et des larmes qu'il voyait couler, s'arrêta dans sa colère ; pas encore entièrement maîtrisé par Marie, il songea à tenter une épreuve avant d'éloigner celle qu'il avait élevée. Les fonctions furent changées ; pour lui, il trouva les mêmes soins, les mêmes attentions et de plus une franchise et une gaîté qui manquaient depuis long-temps à son bonheur ; de l'autre, au contraire, les choses changeaient peu à peu, et d'ailleurs la vieille fille était d'une humeur massacrante, quelque bonne mine qu'elle essayât de faire. Bref, et pour en finir, Caprot, rajeuni par l'aimable caractère de Jeannette, revit ses amis avec plaisir ; ils l'éclairèrent entièrement sur sa servante, et mademoiselle Marie fit un beau jour ses paquets pour venir à Paris, chercher une condition et un mari : souhaitons-le lui, et remercions la Providence d'avoir éclairé Caprot avant de lui laisser consommer son malheur et celui d'une bonne jeune fille qui lui consacra le reste de sa vie.

FIN.

Table des Matières.

IMPRIMERIE MAULDE ET RENOU.
Rue Bailleul, 9 et 11.

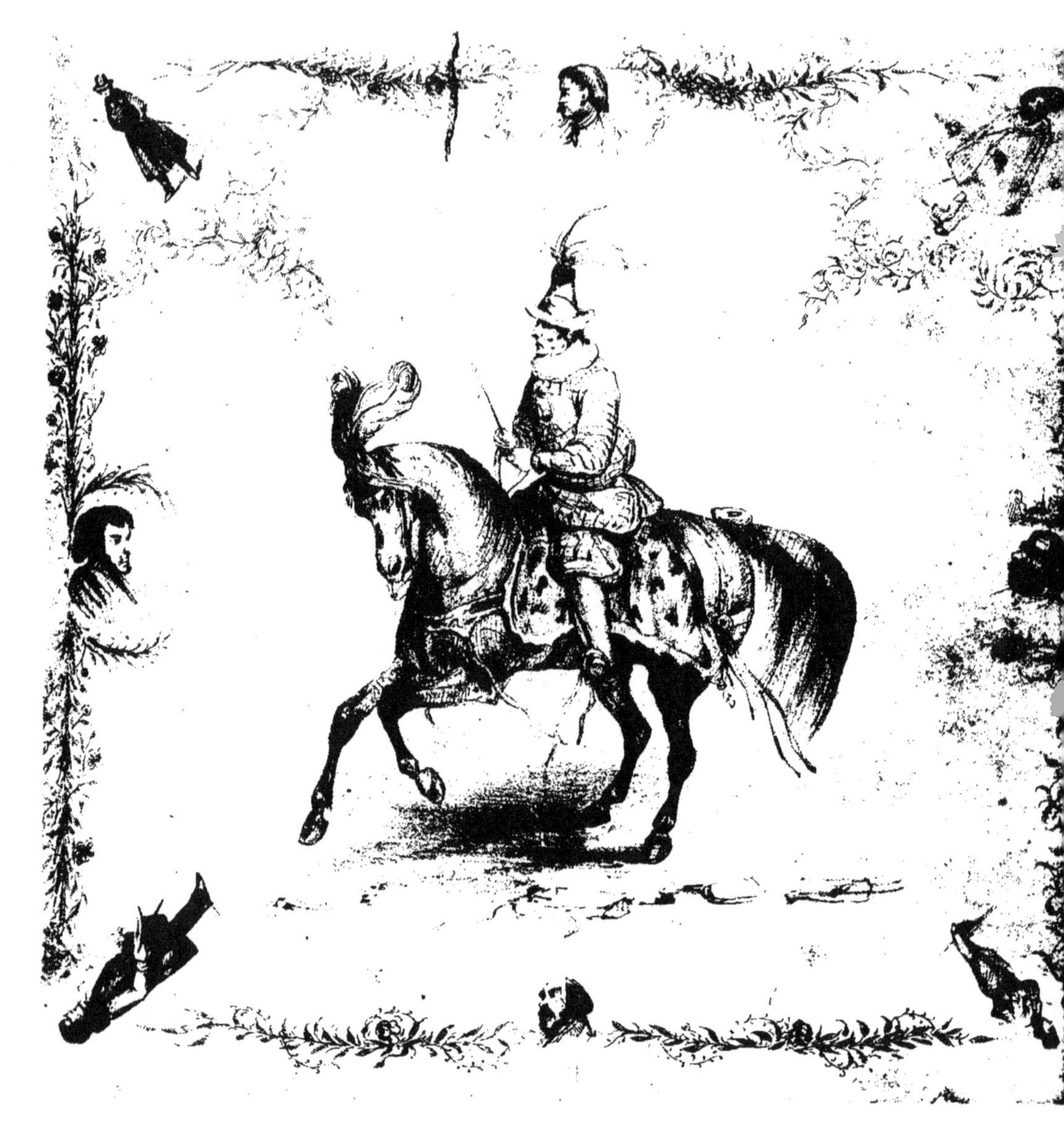